AF367797

DE PARIS AU TONG-KING

DE PARIS

au

TONG-KING

JOURNAL DE VOYAGE

D'UN MISSIONNAIRE

de la Société des Missions-Etrangères

SE VEND

AU PROFIT DE LA MISSION

DU TONG-KING OCCIDENTAL

LONS-LE-SAUNIER
IMPRIMERIE ET LITHOGRAPHIE DE J. MAYET ET Cⁱᵉ
20, rue St-Désiré, 20

1880

MEIS ET AMICIS

*Je dirai : j'étais-là ;
telle chose m'advint ; vous y croi-
rez être vous-mêmes.*

AU LECTEUR

Le journal que nous publions a été rédigé, au jour le jour, par un jeune missionnaire de la société des Missions-Étrangères, enfant de la Comté et diocésain de
Saint-Claude, parti naguère pour le Tong-
King Occidental. Il n'était destiné qu'aux
proches et aux intimes. et nous devons à
notre titre d'ancien directeur et d'ami la
communication bienveillante qui nous en
a été faite par la famille. Mais il y a dans ces
pages, écrites au courant de l'âme, un tel
entrain de style, tant de fraicheur et de

charme ; le souffle qui les a inspirées est
si pur, le sentiment qui les a dictées si généreux et si vrai ; il y éclate tant d'enthousiasme, un amour si sincère pour l'Église,
la France et les missions : c'est en un mot
une si belle âme d'apôtre qui s'y révèle,
que nous avons regardé comme un de-
voir, après en avoir obtenu l'autorisation
de la famille, de faire profiter le public de
ce récit.

La considération du bien qui en résul-
tera pour beaucoup d'âmes, que cette relation attachera à l'œuvre des Missions
et auxquelles elle fera mieux connaître
ces jeunes apôtres que la France envoie
dans l'extrême Orient, imposera silence,
nous en avons la confiance, à la modestie
de l'auteur du journal, et le disposera à
nous pardonner la publicité que nous don-
nons à son écrit. Il aura d'ailleurs acquis

un droit nouveau à notre sympathie, aussi bien qu'à nos prières et à nos aumônes en faveur de la belle et glorieuse mission du Tong-King Occidental.

Séminaire de Lons-le-Saunier, le 3 décembre 1879, en la fête de St-François-Xavier, l'apôtre des Indes et du Japon, patron de la Propagation de la foi et des Missions.

DE PARIS AU TONG-KING

I

Paris, 16 avril 1879.

Une dernière réunion à l'Oratoire du jardin (1) nous a mis, avec tous nos confrères,
sous les yeux de Marie, la Reine des Apôtres
et des Martyrs. La touchante cérémonie des
adieux (2) elle-même est terminée : l'heure
est venue, PARTONS. Avant de quitter le seuil

(1) Oratoire élevé à la Vierge, dans le jardin du Séminaire des Missions-étrangères, où se réunissent souvent les Aspirants.

(2) Voir à la fin du volume une note sur la cérémonie des adieux.

béni de notre cher séminaire, chapeau sous
le bras, sac de voyage à la main, je vais
encore une fois m'agenouiller au pied du tabernacle, non loin de ce tombeau où reposent
les restes de nos glorieux martyrs..... Combien d'âmes généreuses sont venues prier
là!... Comme les fidèles de Catacombes....

Là, près des saints tombeaux transformés en autels,
Ils venaient s'inspirer de leurs morts immortels,
Et devant Dieu, la main sur leurs chères reliques.
Ils faisaient le serment des chrétiens héroïques.
Aux pieds de leurs pasteurs ils se jetaient alors :
Puis, couverts du pardon, munis du Pain des forts,
Ils remontaient sans bruit des divines retraites,
Pouvant offrir à tout des âmes toutes prêtes !.....

Oh ! si moi aussi j'étais prêt à tout pour le
service de Dieu !..... Enfin, marche quand
même : c'est pour le bon Dieu : à la garde de
Dieu !

Essuyant une larme, je fléchis le genou, et
joyeux je traverse la cour avec toute la bande
apostolique (1) au milieu des dernières poi-

1 La bande apostolique se composait de douze
partants : M. Paul-Jules Guéneau, du diocèse d'An-

gnées de main des confrères. Nous montons dans les trois voitures qui nous attendent à la porte, — les chevaux partent et nous emportent au galop à travers les rues de la capitale.

La nuit commence à descendre, — c'est l'heure où les Parisiens se pressent aux entrées des théâtres — et nous, *jeunes partants*, le cœur à l'aise, nous allons où Dieu

gers, — pour le collège général de Pulo-Pinang (Malaisie) ;

MM. Francis-Stanislas-Marie Bosquet, du diocèse de Rennes et Jean-Louis Gabillet, du diocèse de Vannes, — pour le vicariat apostolique de Pondichéry (Hindoustan) :

MM. Ernest-Nicolas Masson, du diocèse de Langres, et Victor-Jean-Baptiste Lacaille, du diocèse de Nancy, — pour le vicariat apostolique de Coïmbatour (Hindoustan) ;

MM. Léon Page, du diocèse de Besançon et René Michel-Marie Fée, du diocèse de Laval, — pour le vicariat apostolique de la Malaisie ;

M. Jean-Joseph Lazard, du diocèse d'Avignon, — pour le vicariat apostolique du Cambodge ;

M. Alexandre Munier, du diocèse de Saint-Dié, — pour le vicariat apostolique du Tong-King méridional ;

MM. Léon-Xavier Girod, du diocèse de Saint-Claude, et Pierre-Victor Rigouin, du diocèse de Séez, — pour le vicariat apostolique du Tong-King occidental ;

M. Emile Raguet, du diocèse de Tournai (Belgique), — pour le vicariat apostolique du Japon méridional.

I.

nous appelle, désireux de racheter par une vie de peines et de souffrances les égarements et les fautes de notre pauvre et chère patrie.

En face de Notre-Dame, je ne pus me défendre d'une certaine émotion.... historique. L'antique basilique, dont la masse imposante se détachait très-bien au milieu des dernières lueurs du crépuscule, apparut à mes yeux et surtout à mon cœur comme l'image vivante de la vieille France ; et, plein de tristesse à la pensée des maux présents, je priai le Christ, qui aime les Francs, de ressusciter la Fille aînée de son Eglise... La foi n'est pas morte en France, et l'Eglise du Vœu national attestera aux générations futures le repentir et l'amour des Français..... Au nom du Sacré-Cœur, Dieu sauve la France !

Cependant nous avons déjà quitté le boulevard Saint-Germain, — franchi la Seine. — Voici la gare de Lyon pour Marseille et la Méditerrannée!..... Sans nous laisser la peine de prendre nos billets et de faire enregistrer nos bagages, on nous installe dans deux compartiments de première classe : — les

Directeurs et les confrères qui nous avaient accompagnés nous serrent encore la main, — un coup de sifflet retentit, — le train s'ébranle, roule, vole. — Les partants sont partis ! (1).

(1) Il y a ici une lacune ; le journal ne contient rien sur l'arrivée et le séjour à Marseille. Nous y suppléerons par l'extrait suivant d'une lettre écrite par le missionnaire à sa famille.

Marseille, 19 avril 1879.

Bien chère Mère,

Depuis notre heureuse arrivée à Marseille, je n'ai encore pu trouver un moment pour vous donner des nouvelles de notre voyage qui a été des plus agréables. Sans vous dire les mille petites circonstances de la route, je viens de suite à notre séjour à Marseille, après avoir remarqué en passant que les paysages et le ciel, en Provence, ne sont pas plus beaux à mes yeux et surtout à mon cœur de Comtois, que les bords riants du Doubs et de la Loue, et le ciel du Jura. Nos côtes boisées valent bien les monts dénudés du Beaujolais, du Forez et du Valais.

Pour Marseille, je reconnais que c'est une très-jolie ville, bien que la Cannebière soit au dessous de sa réputation. Ce que nous trouvons de plus beau ici, c'est encore le dévouement et la charité des âmes généreuses qui nous donnent l'hospitalité. Une excellente famille, les quatre Messieurs Germain, depuis longtemps méritent la reconnaissance des missionnaires, auxquels

Marseille, 20 avril 1879.

C'est donc la grande journée ! pour la dernière fois j'ai eu le bonheur de célébrer la
Sainte Messe sur la terre de France : parents,

ils ont consacré leur fortune et leurs cœurs. Trois de
ces messieurs jouissent au ciel de la récompense due
à leur grande charité ; le survivant continue l'œuvre
de sa famille avec une foi que l'on trouve rarement
aujourd'hui. Huit de mes confrères logent chez ce
bon Monsieur : pour moi et trois autres, nous devons
le vivre et le couvert à Madame Icard, *la mère des
missionnaires*. Elle nous traite en enfants gâtés.

Le soir, nous nous sommes tous rendus au port pour
visiter le Yang-Tsé, notre future demeure. C'est le
plus beau, le plus neuf, le plus grand et le plus com-
mode des bateaux de la Cie des Messageries : Cent
quarante mètres de long ! jolie petite coquille, n'est-ce
pas ?

Montés à bord, nous avons visité tout le bâtiment :
la conclusion pratique n'a pas été trop effrayante ;
nous serons dans un grand hôtel de Paris ou de
Londres : si le mal de mer vient nous rendre visite,
nous paierons le tribut et tout sera fini.

Ce matin, à 5 h. 1/2, nous avons fait le pèlerinage
à N. D. de la Garde : nous n'avons rien à craindre ;
la Sainte-Vierge nous protégera.

> Astre propice au marin,
> Conduis ma barque au rivage ;
> Préserve la du naufrage,
> Blanche étoile du matin.

amis, j'ai prié pour vous tous. — Il est 9 heures
du matin : malgré la pluie qui commence à

Nous avons eu le bonheur de célébrer la Sainte-
Messe dans ce sanctuaire aimé des matelots. Notre-
Dame de la Garde est pour les Marseillais, ce que N.
D. des Victoires est pour les Parisiens : et nous, heureux enfants du séminaire de la rue du Bac, nous
bénéficions des bonnes grâces que Marie, l'Etoile de
la mer, se plaît à répandre sur ceux qui l'invoquent
pour obtenir la traversée favorable sur la mer du
monde et sur les flots.

> Ne craignez rien : Marie est notre étoile,
> Elle saura veiller sur ses enfants,
> Un souffle heureux enflera notre voile...

Ce soir, si le temps ne me fait pas défaut, je remon-
terai dire mon chapelet aux pieds de N. D. de la Garde.
Nous avons fait cercle ce matin, après nos messes,
autour de l'autel et, à genoux, les yeux tournés vers
Marie, nous avons chanté les invocations en usage
au séminaire des Missions-étrangères : Reine des
Apôtres, Reine des Martyrs, Reine des Confesseurs.
Cause de notre joie, Reine conçue sans péché, Etoile
de la mer, priez pour nous. A Paris j'éprouvais toujours un tressaillement, en entendant ces invocations
sortir du cœur de mes confrères. A Marseille, en
face de la mer, à la veille du jour qui doit commen-
cer la réalisation de nos espérances de missionnaires,
ces belles prières ont encore un accent plus touchant.

Demain matin à 9 heures, nous monterons à bord
pour n'en plus redescendre : lorsque vous recevrez
cette lettre, les côtes de France commenceront de
disparaître à nos yeux; mais je vous en prie, ne
soyez pas trop attristés; si je pars, c'est pour le bon
Dieu : Il nous bénira tous....

tomber, une foule de curieux encombre les quais de la Joliette ; la grosse cheminée du Yang-Tsé laisse échapper de noirs flocons de fumée : déjà l'équipage manœuvre pour démarrer. Chargés de nos sacs, nous montons à bord et, après avoir visité nos cabines, un peu pensifs, nous attendons sur le pont le signal du départ. A 10 heures, le coup de sifflet retentit, les câbles sont coupés, et un remorqueur nous entraine vers la pleine mer.

Le temps n'est pas beau, la mer houleuse, et le cœur du partant un peu gros. — Debout à babord, la tète découverte et la voix émue, nous envoyons à Notre-Dame de la Garde la prière du matelot et du missionnaire..... *Ave, maris Stella !* La veille, agenouillés en cercle au pied de l'autel de Marie, nous nous sommes déjà recommandés à la bonne Mère, nous, pauvres passagers sur l'océan du monde et sur les flots..... En ce moment la prière s'accentue davantage encore,..... la prière d'adieu !

Cependant, nous filons rapidement : Marseille, le château d'If, Notre-Dame de la

Garde ont bientôt disparu. Encore on aperçoit les côtes de France; les yeux et les cœurs s'y attachent. A 5 h. 1/2 du soir, nous regardions toujours,.... nous ne distinguions plus rien. Maintenant tout est dit, tout est fini..... Dieu l'a voulu; France adieu ! — En avant pour le Christ et l'Evangile!

La nuit venue, réunis sur le gaillard d'arrière, et tournés vers l'endroit où nous avions perdu de vue la terre de France, franchissant *par le cœur* la distance et les flots, nous envoyons un souvenir à nos parents, à nos amis, et pour eux, une prière au ciel. Le *Salve Regina* est chanté à mi-voix, en union avec les confrères de Paris; puis en murmurant son chapelet, chacun finit par gagner sa cabine et s'endormir en paix sur le meilleur oreiller qui soit au monde, l'oreiller de la confiance en Dieu ! — Vogue la galère !

Pendant la nuit, la mer devint assez et même trop grosse; aussi dès le matin, colique à peu près générale. Au déjeuner, les rares présents sans appétit pouvaient compter les nombreux absents. J'essayai de faire bonne contenance et je mangeai comme un conser-

valeur, espérant prévenir les effets radicaux
du mal de mer. La journée se passa peu
gaiement à compter les secousses de l'estomac, à faire connaissance avec le roulis et
le tangage, (le premier, mouvement du navire
du flanc gauche au flanc droit, du flanc droit
au flanc gauche ; le deuxième, de l'avant à
l'arrière, de l'arrière à l'avant.)

Je n'avais pas de dispositions bien pro-
noncées pour le mal de mer : mais la vue des
passagers couchés sur le flanc, ou envoyant
leurs entrailles aux poissons par dessus les
bastingages du pont, cette vue pénible excitant ma sympathie, peut-être aussi la fatigue
de la tête, des jambes, des bras et de l'estomac, (on dit que telle est la constitution de
ce mal fameux) tout cela finit par me donner
une envie de colique, et puis bientôt une
vraie colique. — Il était 5 heures du soir ! à
peine m'étais-je mis à table pour diner, il me
fallut sortir et payer tribut :

> Le flot qui l'emporta recule épouvanté.

Pardonnez-moi ces détails familiers.

Mardi 22.

La mer est plus calme, l'air pur, le ciel serein. La colique a disparu. Nous approchons de Naples : voir Naples et n'avoir plus le mal de mer !...... La joie revient au cœur, et tout heureux chacun se met à faire le récit de ses maux passés ; car à Naples il y a une boite aux lettres, avantage considérable pour qui depuis trois jours n'a pas eu l'agréable visite d'un facteur rural. — Et puis, voici cette belle terre d'Italie, avec son ciel bleu et ses grands souvenirs. — Rome n'est pas loin. — Rome, la tête du monde catholique. — Vive le Pape, Pontife-Roi ! — Zouaves, Castelfidardo, Lamoricière ! — Pie IX ! Léon XIII ! — Et tout ému, je disais avec conviction : Dieu sauve le Pape ! Et le Pape, c'est l'Eglise. — Dieu sauve l'Eglise ! et l'Eglise, c'est la Mère : mais la France est la fille aînée ; — Dieu sauve la France ! — l'Italie, — le Tong-King, — le Monde ! Oh ! Eglise Catholique, que tu es belle, que tu es sainte, embrassant dans ton amour l'univers entier, parce que ton horizon est l'horizon de la Vérité, de la Charité, et que la Vérité, la Charité n'ont pas de bornes !.....

Una fides, unum baptisma, unus amor, unus Deus !

II

A 9 heures du matin, nous arrivons dans
la rade de Naples. Magnifique spectacle....
Naples la délicieuse, les pieds baignés dans
les eaux, la tête couronnée de citronniers et
d'orangers, étale avec complaisance ses grâ-
cieuses villas et sa végétation luxuriante. —
Faisant ombre, un vieux château crénelé,
aux tours grisâtres ; — un peu au-dessus,
le Vésuve aux flancs déchirés et noircis :
par intervalle son cratère laisse échapper une
colonne de fumée qui fait tache sur l'azur du
ciel et, si l'on veut rêver quand même, rappelle qu'au fond et au sommet de toutes les
choses humaines il y a de la tristesse. —
Tout est fumée, la gloire et la pipe !

Le déjeuner lestement expédié, chacun s'empresse de prendre une barque pour aller à terre..... rendre visite aux lazzaronni. Il y en aura beaucoup sur le port : il y en a déjà pas mal sur l'eau qui vous poursuivent en barques, jouant de la guitare, de la harpe ou du violon, et vous chantant de leur plus belle voix : « Signor, *una lira* pour la musique et le macarone ! » Au moins, voilà de joyeux mendiants, qui font appel à votre monnaie avec une persistance qui vous serait insupportable, si elle n'avait l'originalité du cachet napolitain. « La musique et le macarone ! » — Un parisien, épicier en retraite de 1ᵉ classe, hausserait les épaules et cracherait d'un superbe dégoût, mais il paierait et c'est tout ce qu'on lui demande.

La plupart des rues de Naples sont très-étroites et encombrées de populo : à l'odeur qui s'en échappe, on sent très-bien que le baron Haussmann et le conseil municipal de Paris n'ont pas mis le nez dans les affaires napolitaines. Mais un peu de patience! Voici la grand'rue, les orangers en fleurs, le ciel bleu, l'air pur, et si l'on ne rencontrait pas autant

de Sbires piémontais on dirait : « Voici la
joie et la liberté » ! — En avez-vous autant
à Belleville et à Montmartre ?..... Je com-
prends que le napolitain chante malgré tout:
« Moi, je suis lazzarone tout comme un autre est roi ! »

Nous avons eu le temps de visiter les trois
plus belles Églises de Naples. Ce ne sont
plus les vieilles cathédrales de France avec
leurs tours et leurs voûtes élancées, leur
jour sombre et leurs vitraux gothiques, ex-
primant, autant que la rêverie religieuse et
la fermeté d'un âge de foi, la décision et la
fière énergie des temps féodaux ! La piété
italienne a donné à ses monuments un tout
autre cachet en harmonie avec le beau ciel
de Naples. Mais chacun son goût ; à certains
moments, je serais pour le vieux gothique !

Nous avions pour cicérone un jeune ec-
clésiastique dont nous admirions la piété et
la complaisance vraiment fraternelles. Un
peu méchamment, il me demanda si les
Églises de France étaient aussi belles que
celles d'Italie. Au lieu d'entrer dans une dis-
cussion esthético-archéologique, je lui ré-

pondis en agitant le bras, comme si j'avais manié une épée du vieux temps : « *Gallia, miles Christi !* » — Hélas ! que les temps sont changés ! Pauvre et chère France !..... Mais, en dépit de nos Honorables, la France, avec l'aide de Dieu, sera toujours la nation catholique par excellence .... je l'espère, et surtout je prie le Sacré-Cœur pour l'obtenir.— Même à Naples, où j'ai passé 3 heures, j'ai trouvé des motifs de consolation et d'espérance pour le présent et l'avenir de notre chère patrie. Les fresques des Églises de Naples sont d'une fraîcheur délicieuse : mais rien ne m'a rafraîchi l'âme comme la vue d'un pauvre petit groupe représentant l'apparition de Notre-Dame de la Salette, et, dans une autre Église, la vue d'un tableau représentant nos soixante-dix serviteurs de Dieu, mis à mort pour la foi, et déclarés vénérables par Grégoire XVI. Et la France périrait !..... Ce serait en vain que Marie Immaculée aurait posé son pied virginal aux quatre coins de la terre de France !..... Et le sang des martyrs français, les sueurs de nos missionnaires ne seraient pas d'une agréable odeur au Maître des Apôtres, au Roi des Martyrs !.....

> Dieu de Clémence,
> O Dieu vainqueur,
> Sauvez Rome et la France
> Au nom du Sacré-Cœur !

Heureux, et pleins d'une nouvelle ardeur pour la Propagation de notre sainte Foi Catholique, nous revînmes à bord bien décidés : *Duc in altum !* En avant, marche, pour les Indes, la Malaisie, la Cochinchine, le Cambodge, le Tong-King et le Japon.....

Le Yang-Tsé semble nous comprendre, et il reprend sa course nous emportant vers le Sud.

> Cependant le soleil sur les ondes calmées
> Touche de l'horizon les bornes enflammées :
> Son disque étincelant qui semble s'arrêter
> Revêt de pourpre et d'or les flots qu'il va quitter....

Le mal de mer n'existe plus : on peut être poétique.

Mercredi 23.

A 5 heures du matin, nous entrons dans le détroit de Messine..... La Sicile ! Immédiatement je suis sur le pont, et un cri d'admiration s'échappe de mon âme, à la vue du magnifique spectacle qui s'offre à mes yeux : A gauche les côtes de la Calabre enveloppées des vapeurs du matin ; sur leur sommet, le soleil lève sa tête brillante et projette sur les rives opposées de la Sicile, les premiers rayons de son éclatante lumière. Messine à droite, toute resplendissante, apparaît le front orné d'une couronne d'or, tandis que les eaux lui forment une double ceinture d'argent et d'azur. Çà et là, comme une verte émeraude, un massif d'orangers dans l'enfoncement d'une vallée. — Dans le Détroit quelques barques de pêche, — un grand transport de l'État revenant de Cochinchine !

Dissipant les brouillards des Apennins, le soleil monte en vainqueur dans les cieux, et la côte d'Italie est bientôt inondée de lumière comme la côte de Sicile. Rheggio sort du sein des légères vapeurs qui l'enveloppaient. — Immense tapis de verdure se déroulant jusqu'à la mer. — A l'extrémité de la Sicile, l'Etna, cratère éteint, au sommet couvert de neige, étincelle de blancheur, et semble porter jusqu'au ciel la défaite de Vulcain et le triomphe du printemps sur ces rivages enchanteurs.

Jeudi, 24.

La mer de tous côtés ! Mais qu'elle est belle cette nappe d'azur sous les feux brillants du soleil d'Ausonie et de Grèce ! Et le soir, quels délicieux instants, quand les flots font silence, que des milliers d'étoiles scintillent au firmament, et qu'une douce brise de printemps emporte les pensées et

2

les cœurs vers le foyer paternel, ou vers le
Seigneur Dieu, Créateur du ciel de la terre
et des mers !

Vendredi. 25.

Par un reste d'enfantillage et de platonique
respect pour l'Histoire ancienne, je désirais
vivement apercevoir les côtes du Pélopo-
nèse. Le Yang-Tsé qui, suivant la géométrie,
trouve que le plus court chemin d'un point à
un autre est toujours la ligne droite, laissa
trop au nord le cap Matapan, au sud de la
Morée : Matapan, nom moderne et barbare
qui produisait autrefois sur mes oreilles
l'effet d'un roulement de tambour..... Harmonie initiative ! Que voulez-vous, j'étais
jeune alors : j'aimais les clairons, les fusils,
les canons et l'odeur de la poudre..... et les
pompons. Même je me souviens qu'il n'y a
pas longtemps, ma première culotte cléricale

fut taillée dans les glorieux débris d'un pantalon rouge,..... passé au noir. Maintenant je
me console facilement de n'avoir pas été à
la bataille des Thermopyles, et, en face de
la Grèce, les lauriers de Miltiade, de Léonidas
et de Thémistocle ne m'empêchent pas de
m'endormir tranquillement au fond de ma
cabine en récitant mon chapelet, et en re-
merciant le bon Dieu de m'avoir fait mis-
sonnaire apostolique au Tong-King occidental. — Mais enfin, si les souvenirs sont la
vie du cœur, la Méditerranée n'en donne-t-
elle pas de grands, d'émouvants, de chrétiens ?

Tu n'y peux faire un pas sans y trouver ton Dieu.

Pierre, le pêcheur d'hommes, Paul, le porte
étendard du Christ, le porte-voix de l'Évangile, — les Apôtres, les Martyrs. — Ils ont
tous passé par ici pour aller faire entendre la
parole de salut aux fils des vieux Romains
et des Grecs, des Scythes et des barbares.
St Lazare et ses deux sœurs ont été ballottés
sur ces flots, jusqu'aux rives du cher pays de

France. — Les Croisés, Philippe-Auguste, le Cœur de Lion, St-Louis, — les Chevaliers de Rhodes et de Malte, — Lépante et Navarin, — Alger! que de souvenirs chrétiens! Un grand guerrier a pu rêver de faire de la Méditerranée un lac français : les hommes de la Croix en ont fait depuis longtemps un lac chrétien..... Et puis, combien de missionnaires ont traversé ces eaux, reportant à l'Orient le nom du divin Crucifié et, dans ce nom, le salut et la vie. Dieu aidant, il en passera encore, il en passera toujours jusqu'à la fin du monde. Rome et la France sont là.....

L'Eglise est là. l'Eglise avec son cœur de mère :
Elle n'a rien perdu de sa force première.
Elle est là. toujours prête à de nouveaux combats.
Ses fils hâchés hier sur l'échafaud immonde,
Ses fils ont bien prouvé qu'elle est encore féconde
Et que ses flancs n'avortent pas !.....

Vive l'Eglise!   – Vive la France!

Vendredi. 25.

Aujourd'hui, fête de l'Evangéliste St Marc,
entre la Crète et Alexandrie, j'ai eu le bonheur de célébrer à mon tour la Sainte Messe.
—Pour cathédrale, une cabine, — pour autel
une planche posée sur des malles — deux
cierges à lumière tremblante — quelques
confrères recueillis et prosternés. Quoi de
plus simple, et cependant quoi de plus su-
blime !..... — Le bruit des vagues, sem-
lable au chant religieux de l'orgue sous les
voûtes d'une vieille basilique, — le soleil
pénétrant par le sabord entr'ouvert et illu-
minant de ses rayons d'or l'Hostie trois fois
sainte, dont les apparences voilent à nos yeux
de chair le verbe de Dieu. Jésus est là, Dieu
avec nous !..... O doux Sauveur, je ne suis
qu'un enfant jeté seul avec ma faiblesse au
milieu des flots et des agitations du monde :
mais quelle consolation, quelle force vous
donnez à mon pauvre cœur, lorsque vous lui

dites avec l'accent que vous seul savez mettre et que malheureusement je sais si peu comprendre : « Ami, c'est moi ! ne crains rien. Aime, prie, crois, espère ! je ne t'abandonnerai pas. »..... *Deo gratias !*

III

L'azur des mers et du ciel de la Grèce a disparu : les flots sont calmes, mais d'une couleur verdâtre ; — un soleil de plomb dans un ciel bas et sombre. A 11 h. 1/2 du matin, on aperçoit quelques steamers amarrés derrière un phare, quelques maisons surmontées de pavillons européens aux couleurs fanées ; — pas de côtes — pas de verdure — un banc de sable. C'est Port-Saïd, à l'entrée du canal de Suez.

Une foule de barques égyptiennes s'attachent aux flancs du Yang-Tsé, dès qu'il a jeté l'ancre, et leurs armateurs enguenillés se chargent de nous donner un spectacle capable de faciliter la digestion aux milords

et la grimace au miladys. C'était un assem-
blage de types vraiment curieux, mais un
peu rebutants. Il y en avait de petits et de
grands, de noirs, de jaunes et d'indécis; peu
de beaux, beaucoup de laids, les uns en pantalon, les autres en chemise, les crins au
vent ou serrés dans un chiffon en guise de
turban... tous s'agitant comme des possédés,
roulant des yeux qu'on n'appellerait pas pré-
cisément « en coulisse », montrant leurs dents
blanches et leurs bras nerveux. Ces jolies dé-
monstrations de politesse égyptienne avaient
pour but d'engager les *Mochious* à faire visite
aux bachibouzouks. Pour parvenir à l'escalier
du pont avec leurs barques, ceux-ci ne se mé-
nageaient ni les coups de rames, ni les coups
de poings. Un grand arabe en chemise bleu,
pantalon blanc, turban rouge, un type tricolore enfin, le fouet à la main, sautait d'une
barque à l'autre et s'efforçait, en sa qualité
de policeman, d'apaiser les cris et les coups
lancés et reçus: son grand moyen moral,
c'était de crier et de frapper plus fort que ses
désordonnés subordonnés. « Frappe, mais
écoute ! » Le vieux frappait, n'écoutait rien

et n'était pas écouté. — Quel triste *populo !* quelle dégradation ! et l'on prétend que les Turcs se civilisent parce qu'ils ont pris de l'Europe contemporaine les cafés concerts, les théâtres et les journaux ?

Je fus bienheureux de voir arriver la nuit, pour nous débarraser de ces energumènes. Peu à peu le silence se fit autour du Yang-Tsé : j'étais à me promener tranquillement sur le pont, plus désert que d'habitude, beaucoup de passagers étant descendus à terre ;... le son d'une cloche vint frapper mes oreilles (il y a quelques PP. Capucins et des Sœurs à Port-Saïd), et, après avoir récité le *Regina cœli,* je fredonnai mélancoliquement :

> J'aime la cloche vibrante
> De notre clocher natal.
> C'est un souvenir qui chante
> Et donne un cœur au métal.
> Son timbre semble nous rendre
> Notre enfance qu'il berça,
> Et l'on croit encore entendre
> La voix de ceux qu'on aima !

Et je rêvai au pays..... Je ne pus me défendre d'une petite émotion de tristesse.

Port-Saïd est le dernier port sur la Méditerranée, cette mer qui baigne aussi les côtes
de France. Me voici entre l'Europe, l'Afrique
et l'Asie ; demain l'Europe aura disparu à
mes yeux, et, en ce moment, pour moi
l'Europe c'était encore la patrie, la Franche-
Comté ! Courtefontaine ! La plaintive et
patriotique élégie de St - Colomban éxilé
me revint en mémoire : « Ah ! que ma bar-
« que volerait vite, si sa proue était tournée
« vers ma Chênaie en Irlande. Mais la noble
« mer ne doit plus me transporter que vers
« l'Albanie, le pays des corbeaux ! Mon pied
« est bien dans ma petite barque, mais mon
« cœur saigne toujours. Il y a un œil gris
« qui se tourne sans cesse vers Erin, et cet
« œil ne reverra plus en cette vie les hommes
« d'Erin..... du haut de ma barque, je pro-
« mène mon regard sur la mer, et il y a une
« grosse larme dans mon œil gris et doux,
« quand je me retourne vers Erin, vers Erin
« où les chants des oiseaux sont si mélo-
« dieux, et où les clercs chantent comme les
« oiseaux..... »

Mais non, il ne faut pas pleurer... Mission-

naire, courage !..... Non loin d'ici, Jésus, le
Fils de Dieu fait Homme, a répandu son
sang pour le salut du monde, pour l'Orient
comme pour l'Occident. Et moi, faible enfant
d'hier, aujourd'hui prêtre du Christ et missionnaire, je suis bienheureux que le Seigneur
m'envoie porter la divine lumière à ces peuples assis dans les ombres de la mort. *Ma-
gnificat anima mea Dominum !* Au large
donc, par delà les mers ; Vive la Croix et
Gloire à l'Evangile !..... *Laudate Dominum
omnes gentes, laudate eum, omnes populi.* —
Je ne versai qu'une larme, et mon bon Ange
recueillit sur mes lèvres une prière et une
bénédiction, une moitié pour la France et les
miens,..... l'autre moitié pour le Tong-King !
Puis, après avoir fait un tour sur le pont en
récitant mon chapelet, je descendis dans ma
cabine en pensant qu'entre l'Europe, l'Afrique
et l'Asie, au centre du vieux continent, on
devait goûter un repos..... solennel.

Dimanche 27.

Quand je me réveillai, le Yang-Tsé venait de s'engager dans le canal de Suez. Le percement de l'Isthme de Suez est une œuvre gigantesque dûe à la générosité de l'idée française et civilisatrice, et grassement profitable à l'épicerie Anglo-Hollandaise. Mais comme belle nature, comme fraîcheur de paysage, comme pittoresque, ce n'est pas riche. — Un ruisseau d'eau sâle, large de 40 à 50 mètres, resserré entre deux rives de sable peu brillant. — Du côté de l'Égypte, au milieu du désert, quelques petits lacs couverts d'oiseaux au plumage blanc. — Du côté de l'Asie, une mer de sable couleur de cendre. — Pas un seul brin d'herbe. De temps en temps, dans le canal, quelques mauvaises barques chargées d'oignons, à figure et odeur suspectes ; — Çà et là, sur la rive, un enfant du désert qui vous crie un salut ou une malédiction ; — Deux ou trois

buffles ruminant en silence l'herbe que leur
instinct les a conduit chercher on ne sait où,
voilà tout ce qui vient donner au tableau une
teinte de couleur locale peu rafraîchissante.
Inutile de songer à une méditation poétique.

C'est aujourd'hui le Dimanche du Bon
Pasteur : je remercie Notre-Seigneur de la
charité sans bornes avec laquelle il ne cesse
de poursuivre l'âme pécheresse au milieu
du désert de ce monde. Ce divin Maître a su
nous préparer, dans ces lieux arides, une
source d'eaux vives plus fraîche et plus pure
que le puits de Jacob, ou la citerne de Beth-
léem. Chaque jour deux confrères célèbrent
la Sainte-Messe dans une petite cabine ; mais
le dimanche est le jour de la prière publique,
et le brave commandant du Yang-Tsé, pre-
nant la chose en bon chrétien, fait dresser
dans un local convenable un autel orné de
pavillons aux trois couleurs. A bord nous
sommes environs 250 personnes ; l'équipage
et 80 passagers, dont 17 missionnaires (13
français, 4 anglais). Il se trouve à peine
vingt-cinq assistants à l'Auguste Sacrifice,
et sur ce petit nombre d'adorateurs zélés,

dix sept prêtres. Cependant nous sommes peut-être en ce moment à l'endroit où passa la Sainte Famille, lors de la fuite en Égypte! C'est donc toujours le même misère, le même abandon autour de ce divin Sauveur, qui nous a prodigué tant de marques d'amour, à nous tous, tant que nous sommes, depuis les païens arabes et chinois employés au service de la machine et de la cuisine, jusqu'aux milords Anglais et à leurs Anglicanes compagnes... Si, au moins, je correspondais au don de Dieu, moi, pauvre pécheur, qui ai reçu tant de grâces..... A la voix du prêtre, le Fils de Dieu, qui est aussi le Fils de l'Homme, descend sur l'autel, et, prosternés humblement nous l'adorons dans un religieux silence..... *Bone pastor, Panis vere, Jesu nostri misere.* Ayez pitié de nous, ô mon Dieu, de nous tous chrétiens et païens. Quand donc seront-ils réalisés, les vœux ardents du Sacré-Cœur de Jésus,..... quand n'y aura-t-il plus qu'un seul pasteur et seul troupeau !

Remonté sur le pont, je fis comme tous le monde, je regardai le sable, j'essuyai la

sueur qui découlait de mon front, je baillai
en attendant le déjeuner, et je fus tout heureux de rencontrer des yeux quelques joncs
étiques qui avaient une légère prétention de
paraître verts. A cet endroit du canal, c'est-
à-dire vers le milieu, les bords s'élèvent un
peu, et l'on navigue entre deux talus de sable,
sans autre ressource que de lever les yeux
au ciel pour élargir l'horizon. Cependant une
agréable surprise vint rompre la monotonie
de notre route : la rencontre d'une cité d'hi-
rondelles. Ces gentilles petites bêtes sont ab-
solument semblables à celles que les brises
du printemps conduisent au doux pays de
France ; mais, dans ces solitudes affreuses,
comme les pauvrettes n'ont pas les ruines
de Thèbes..... ou de *Versailles* pour y sus-
pendre leurs maisons aériennes, elles vivent
en recluses dans des trous creusés dans les
murs de sable qui servent de digue au canal.
Bon nombre des sœurs de Progné, effrayées
par le passage du Yang-Tsé, voltigeaient
en planant à l'entour de leurs demeures,
tandis que d'autres, sur la porte de leurs
cellules, immobiles et silencieuses, ressem-

blaient, je ne dirai pas, à ces oiseaux en blason peints sur l'écu d'un ancien chevalier, ni même au Rat ermite du fromage de Hollande, mais à de timides religieuses que la persécution ne peut décider à franchir la clôture, où loin du monde elles ont trouvé la paix et le calme de Dieu.

A 7 heures du soir nous n'étions pas sortis du canal : il fallut stopper (la navigation dans le canal étant interdite pendant la nuit), et nous pûmes jouir comme disent les grands prosateurs, du spectacle d'une belle nuit dans les déserts de... l'ancien monde. J'avais rêvé « une de ces nuit tranquilles et pures.... quand le silence règne sur la terre et dans les airs, et que la lune, avec ses douces clartés, semble verser sur l'univers le calme et la fraîcheur. » Cette nuit, on ne la trouve pas en plein canal de Suez : j'étais sous le ciel des *Patriarches*, et je pensais aux beaux jours et aux belles nuits d'été de la France.

Sur les bords du canal, quelques croix de bois indiquent l'endroit ou de pauvres ouvriers sont ensevelis dans le sable, loin de leurs familles, loin de l'église de leur village : pas

de noms ; mais après tout la croix plantée
sur leurs ossements ne suffit-elle pas ? Heureux qui meurt chrétien ! *Requiescant in
pace !*

Lundi 28.

A 5 heures du matin, le Yang-Tsé reprenait
sa marche. En sautant à bas de ma cou-
chette j'aperçus par le sabord entr'ouvert.....
une caravane ! Caravane !..... que de fois
depuis mon enfance ce mot magique est venu
frapper mes oreilles, faisant naître dans mon
esprit des idées pleines d'une mystérieuse
grandeur : le désert et son immensité, l'Arabe
et son blanc burnou soulevé par les vents,
le dromadaire et sa course rapide à travers
les sables brûlants, le Simoün..... Et j'avais
sous les yeux une dizaine de malheureux
Égyptiens, cinq ou six chameaux décrépits,
quelques mauvais ballots, entassés pêle-mêle
au bord d'un pont de bateaux retirés pour
nous laisser passer. Les chameaux allon-

2.

gèrent leur grand cou pour saluer le Yang-
Tsé, et il me semble que les pauvres bêtes se
disaient, comme les canards de la chanson :
« Quand donc finiront nos tourments, » et
serons-nous complétement remplacés par
les machines à vapeur? Le chemin de fer
d'Alexandrie à Suez leur donne, je crois, peu
d'espérances.

Nous arrivons en vue de Suez à la sortie
du canal, vers les 7 heures du matin. — Trois
ou quatre petites mouches à vapeur sortent
du port, pavillons au vent, et viennent à nous,
frêles et rapides, pour prendre les dépêches.
A leur suite plusieurs barques, montées par
des Arabes, arrivent pour vendre aux passagers quelques objets de pacotille internatio-
nale : oignons et poireaux d'Egypte, allu-
mettes chimiques, articles de Paris..... Autant les criards abrutis de Port-Saïd nous
ont inspiré de dégoût, autant les Arabes de
Suez nous étonnent par leur solennel silence.
Du haut du pont vous pouvez examiner tout
à loisir ce qui vous sourit dans le maigre éta-
lage d'une barque : l'Arabe vous regarde avec
de grands yeux, et si votre physionomie

trahit un désir de votre cœur, plus dextre
qu'un chat, s'aidant des pieds et d'une main,
le marchand grimpe après l'unique cordage
de son mât et vous présente de la main restée
libre son panier odoriférant : voulez-vous ;
vous payez sur un signe de doigt ; ne voulez
vous pas, l'Arabe déçu, mais calme, impas-
sible, redescend par le même chemin, mais
en sens inverse. — Voilà au moins une drôle
espèce de commis-voyageurs !

Enfin nous entrons dans la mer Rouge.
En cet endroit elle n'est pas très-large, bien
que sans miracle on ne puisse la traverser
à pieds secs. (Si les rationalistes tentaient
l'essai ?.....) Pendant toute une journée, des
deux côtés, on aperçoit les côtes, montagnes
arides dont le profil abrupt, se détachant très-
nettement sur le ciel bleu, répond à l'idée
que l'on se fait des montagnes de Palestine,
en lisant les récits des voyageurs... (autres
que moi.) Les sommets de ces monts arides
qui, pour un esprit fort, se terminent prosaï-
quement en pain de sucre, nous apparaisent
aux feux du soleil couchant, comme la mul-
titude des tentes d'Israël campé au désert.

Une faible brise, dernier souvenir d'Europe venait encore nous rafraichir : la mer était assez calme, et de blancs flocons d'écume glissaient çà et là sur la nappe azurée, semblables à des brebis errantes au milieu d'une prairie. La nuit nous empêcha de distinguer le Sinaï, la montagne de la loi.

Mardi 29.

Sous les tropiques ! — *J'aime* à vous dire que les chaleurs tropicales ne sont pas un mythe !..... La brise d'hier s'est envolée. Calme plat — soleil de plomb — abattement général. Que voulez-vous y faire : on sue, on s'essuie le front, les mains, le visage, mais on s'en console en répétant avec emphase : Sous les tropiques !

A table, pas d'appétit, mais on a l'avantage de voir fonctionner le pankah. Du pankah,..... on ne s'en fait pas l'idée en province, et je me sens obligé d'invoquer la

Muse ou les Eléments de Mécanique à l'usage des apprentis bacheliers, pour vous donner une définition tant soit peu adéquate du pankah. Philosophiquement parlant, le pankah est un système ingénieux de se donner de l'air en faisant suer un Chinois,..... deux chinois..... trois chinois. J'avais bien raison, n'est-il pas vrai, en vous disant que vous n'aviez pas l'idée du pankah : il y a tant de manières de faire suer les gens! Au physique, le pankah est un gigantesque éventail composé de nattes quadrilatères recouvertes de mousseline, suspendues au-dessus de la table, et mises en branle au moyen d'une ficelle au bout de laquelle est un chinois tirant à tour de bras, pour imprimer au système un mouvement de droite à gauche ou de gauche à droite, un *mouvement ventilateur*. Par là dedans, il y a bien aussi quelques poulies : mais, grâce de la description.

Mercredi, 30 avril.

Ce soir, ouverture du beau mois de Marie,
Réunis dans la cabine qui nous sert de chapelle, àgenoux devant la statue de Notre-
Dame de France, nous avons offert à la Mère
de Jésus, qui est aussi la nôtre, l'hommage
de nos cœurs et de notre amour. Nous n'a-
vions ni lilas, ni roses, ni violettes : mais ....
c'est le mois de Marie ! quelle douce rosée
pour l'âme exilée sur la terre ! quels pieux
souvenirs, quelle joie intime, quelle con-
solante espérance cette aimable dévotion
vient donner à nos cœurs.

Oh ! oui, la Sainte-Vierge dut nous re-
garder avec son doux sourire de Mère :
nous étions si heureux de prononcer son nom,

Le plus doux qui, tombé des montagnes du ciel,
Sur une lèvre humaine ait répandu son miel,
Nom céleste créé du sourire des Anges,
Pour en parer un jour la fleur de leurs phalanges
Marie, ô nom divin. Étoile du pêcheur,
Rose du paradis, baume plein de fraîcheur.....

Notre-Dame de France ! — Notre-Dame
de Lourdes ! — Notre-Dame de la Salette !
— Notre-Dame des Victoires ! — Notre-Dame
de Mont-Roland ! — Notre-Dame de Vaux !

Notre-Dame de Courtefontaine !

Priez pour *nous tous* !

Le soir, après le thé, nous étions à notre
poste privilégié, sur le gaillard d'arrière, attendant que le pont fut désert pour fredonner
un cantique. Quelques officiers vinrent très-
délicatement nous inviter à chanter notre
cantique tout haut, *coram populo*, avec ac-
compagnement de piano. Après un moment
d'hésitation, l'opportunité prononcée, nous
formons *fer à cheval*, selon l'expression du
Commandant, très-bienveillant pour nous.
Ce même soir nos confrères de Paris devaient
chanter à l'Oratoire du Jardin le cantique
pour l'anniversaire du matyre des Vén.
Scœffler et Bonnard, mis à mort pour la foi
au Tong-King. Au milieu d'un silence général, nous entonnons à pleine voix le chant
national de notre cher Séminaire :

> De nos Martyrs, Mère Reine et Patronne,
> Enseigne-nous à prier, à souffrir,
> Tous nous voulons gagner cette couronne,
> Pour Jésus-Christ tous, nous voulons mourir.

Malgré notre faible talent musical, il paraît que nous avons fait sensation dans l'assistance, protestante en grande partie. Ces messieurs et leurs dames, figures un peu allongées, ne peuvent s'expliquer la joie, la gaieté de *douze jeunes gens* (c'est l'expression) qui ont dit adieu à leur patrie, à leurs familles, et s'en vont au bout du monde prêcher et mourir. C'est pourtant bien simple pour qui a le bonheur d'être Catholique, Apostolique et Romain !

1. 2. 3 mai.

Toujours sous les tropiques : nous continuons à suer. Nous n'avons cependant pas trop lieu de nous plaindre ; car, pendant les mois d'été, la chaleur est si affreuse qu'on ris-

que d'être asphyxié. Nous jouissons d'une
température relativement modérée, 30 à 35
degrés.

Le 3, à 4 heures du matin, le Yang-Tsé
jette l'ancre dans le port d'Aden, lieu de re-
lâche pour les bateaux à vapeur qui y font du
charbon. Pour nous, nous étions tout heureux
de pouvoir descendre à terre et rendre
visite aux bons Pères Capucins qui font
à tous les confrères de passage un accueil
si empressé. Sur les bords de la mer se trouve
la ville européenne, composée des casernes
anglaises et des résidences officielles, dont
la coquetterie et la blancheur font contraste
avec le granit calciné des rochers à pic. La
ville arabe est située à 4 ou 5 kilomètres du ri-
vage, derrière une montagne. Des tas de cail-
loux, des tas de charbon, des tas de chameaux,
des nuages de poussière : mêlez tout cela, et
vous aurez une idée de la route qui conduit
à la cité des fils du Prophète. Au galop des
chevaux, (car on peut avoir des fiacres si l'on
a de quoi les payer) vous arrivez vers le
milieu de la montagne à une poterne creusée
dans le roc : là quelques canons et un fac-

tionnaire indigène qui ne sait rien répondre,
si vous lui demandez en français : Est-ce
ici l'entrée des Enfers décrite dans l'Enéide
de Virgile, fameux poète latin ? On s'engage
ensuite sous un tunnel, à la sortie duquel on
aperçoit la ville d'Aden dans toute sa splen-
deur et dans son trou : un amas de maisons
basses et blanchies à la chaux ; tout autour
des rochers affreux ; sur les crêtes les plus
inaccessibles des canons en batterie qui
disent que ce pays est civilisé ; un peu plus
haut, un soleil torride ; c'est affreusement
beau !

Cependant nous arrivons à la pauvre
maison des enfants de Saint-François : un
Père, en robe blanche (sans dentelle, je vous
assure) nous reçoit comme des frères et nous
introduit dans la chappelle pour offrir nos
hommages au Maître de la maison. Oh! quelle
joie pure on ressent dans le cœur, en mettant
le pied dans ce lieu où réside le Dieu qui fait
ses délices d'habiter parmi les enfants des
hommes, même à Aden. A côté du Tabernacle, voici la statue de Marie, ornée de quelques pauvres fleurs artificielles, qui nous pa-

raissent plus fraiches que les roses de Naples.

Après nous avoir fait prendre quelques rafraichissements, le bon Père qui nous avait reçus nous conduisit auprès du lit où son vénérable Supérieur était cloué par la fièvre. La vue de douze jeunes missionnaires pleins de vie et d'espérances ramena un sourire sur les lèvres du malade. Nous fûmes aussi bien émotionnés en présence de ce vénérable Père, à barbe grise, usé avant l'âge par les fatigues de l'apostolat et l'insalubrité d'un climat meurtrier, et nous disant d'une voix éteinte, mais avec un accent tout céleste! « Mes chers amis, courage ! vous souffrirez, mais il est doux de mourir en mission ! » Maintenant le bon Père est probablement dans son éternité; car la crise qui le saisit un instant après que nous eûmes quitté sa chambre, parut être un avant-coureur de la mort. — A coté de la maison des Pères Capucins se trouve celle des Sœurs du bon Pasteur. Elles aussi, les bonnes sœurs, sont familiarisées avec la mort; trois d'entre elles (sur sept, ont été emportées par la fièvre, dans quelques mois. Mais le

Bon Pasteur a dû les reconnaître pour ses filles ; car elles avaient consacré leur vie à élever chrétiennement quelques orphelines arabes qui, sans les sœurs, retomberaient dans un dénuement moins affreux encore que la misère morale d'où le bon Dieu les a tirées. Ces pauvre petites filles, au visage bien noir, mais à l'âme bien blanche depuis que l'eau du baptème a coulé sur leurs fronts, nous chantèrent l'*Ave, Maris Stella* avec une dévotion vraiement touchante.

Egalement, chez les Pères, nous avons vu de petits garçons arabes qui n'ont pas d'autre maison que celle du bon Dieu, pas d'autre pain que celui des Pères. Et, si leur Père est mort, que vont-ils devenir ? Oh ! mon Dieu ! ayez pitié des pauvres enfants orphelins d'Aden ! Bénissez, secourez les Pères et les Sœurs qui vous remplacent à leur égard !

Quand on descend, ou plus justement quand on monte à la ville d'Aden, on visite les fameuses citernes, travail gigantesque qui rappelle le goût des Pharaons Egyptiens. Malgré les ardeurs brûlantes du soleil, nous

fîmes cette promenade de touristes. « La
sécheresse du climat d'Aden est exception-
nelle (dit un voyageur dont j'emprunte les
lignes pour rendre ma description plus facile),
et parfois plusieurs années s'écoulent sans
qu'une « goutte de pluie arrose le sol. A l'é-
« poque où les Portugais occupèrent ce point,
« la distillation était une opération difficile et
« coûteuse. Ils furent donc obligés, pour
« assurer leur subsistance, d'entreprendre la
« construction de vastes réservoirs capables
« de contenir l'eau indispensable à la con-
« sommation de plusieurs années. Pour ob-
« tenir ce résultat, ils transformèrent la
« montagne en un vaste entonnoir, en tail-
« lant toutes les aspérités des rochers et en
« cimentant toutes les crevasses. L'écoule-
« lement des eaux pluviales fut si savam-
« ment combiné, que pas une goutte de ce
« précieux liquide ne se perd. L'eau ainsi
« amenée avec tant de soins se réunit dans
« de vastes bassins superposés les uns sur
« les autres, et n'y reste que le temps de se
« clarifier ; elle tombe enfin dans d'immenses
« citernes souterraines où, grâce à l'obscu-

« rité et au filtrage préalable, l'eau peut de-
« meurer plusieurs années sans se cor-
« rompre.

« La conception de ces travaux, entre-
« prise gigantesque, indique une énergie et
« une intelligence qu'on a peine à se figurer.
« Cette montagne, dont le roc a été poli
« comme une plaque de marbre, et les cre-
« vasses calfatées avec autant de soin que
« s'il s'agissait des joints d'un navire, pro-
« duit un effet saisissant. Il suffit d'un coup
« d'œil pour embrasser toute l'étendue et toute
« la grandeur de l'œuvre. — Les Anglais
« ont réparé ces citernes avec le luxe qu'ils
« mettent à tous leurs travaux : » et, au milieu
de ces affreux rochers, le visiteur est étonné
de rencontrer la verdure d'un square planté
de fleurs et d'arbustes.

IV

Nous voici voguant à toute vapeur à travers l'Océan Indien. Le trajet d'Aden à Ceylan est le plus long de tout le voyage. Huit grands jours sans voir la terre; entre le ciel et l'eau ! La vie du bord n'étant pas féconde en incidents, je ne vois pas trop ce que je pourrais vous dire d'intéressant. Faire une étude de mœurs et passer en revue les passagers ne serait pas charitable. Du reste

> Qui ne sut se borner ne sut jamais écrire,

et vous avouerez avec moi que j'ai tout à gagner de pratiquer la maxime de Boileau Despréaux.

> La parole est d'argent, mais le silence est d'or.

Dimanche 11 mai.

« Ceylan, le Pic d'Adam, le Paradis terrestre! » Nous arrivons en effet à Pointe de Galles, au soleil levant. A l'aspect de ces rivages enchantés qui forment, au milieu des eaux, un oasis de verdure où le printemps semble avoir établi sa cour ; à la douce haleine du zéphyr qui vient rafraichir les malheureuses têtes brûlées par le soleil d'Aden, chacun pousse un cri d'admiration, tombe en extase, et je suis tout surpris que, du haut du pont, quelque passager, ami de la belle nature, ne se soit pas précipité dans les flots pour aborder en poète « au milieu de la blanche écume. » Cependant force fut de prendre patience, car l'entrée du port est très-difficile.

Nous eûmes tout le temps de rassasier nos yeux des beautés du paysage : une foule d'écueils blanchis par le brisement des vagues.

une vieille citadelle aux remparts ombragés
par des cocotiers et des maronniers d'Inde.
Sur les rives, ce ne sont que bananiers, cocotiers encore, cocotiers toujours, « Que c'est
délicieux,... adorable ! » Je ne partageai qu'à
demi l'enthousiasme à peu près général.
Aden, Aden, que chacun maudissait, Aden,
me disais-je, c'est affreux je le veux
bien ; mais c'est grandiose d'horreur.
Ceylan, avec son exubérance de vert ten-
dre, est trop joli pour être beau. Ah ! par-
lez-moi des peupliers, des sapins et des
chènes du Jura. « Qui vous dira la *fraicheur
de nos fontaines*, la modeste rougeur de nos
fraises ! Qui vous dira les murmures et les
balancements de nos sapins, le vêtement de
brouillards que chaque matin ils prennent,
et la funèbre obscurité de leurs ombres ! »
C'est un Comtois qui a dit ces poétiques paroles, et je les répète après lui. Oh ! oui, quand
on a couru la grande forêt de Chaux, le fusil
au bras ; quand, toujours avec son fusil,
du haut de Château-le-Bois, on a vu le
soleil se lever au sommet du mont d'Abbans
et inonder de ses rayons d'or la belle plaine

d'Osselles que sillonne le Doubs,..... quand, au retour d'une partie de chasse, on a bu un grand verre d'eau de la Courtefontaine mêlée au vin de Byans, on n'est pas aussi ébloui par les bois de cocotiers et le lait de coco, séjour et breuvage de Robinson Crusoë.

Pointe de Galles est la station de correspondance des paquebots français venant de Marseille, de Changay et de Pondichéry.

Les quatre confrères destinés aux Indes devaient donc transborder du Yang-Tsé sur le Meïnam; trois missionnaires des Indes descendaient au contraire du Meïnam, pour monter sur le Pei-Ho retournant en France. Avant la séparation, nous nous trouvions seize missionnaires de la société, plus quatre PP. Anglais, ce qui portait notre nombre à vingt. Le Yang-Tsé nous vit tous réunis sur son gaillard d'arrière, parlant tour à tour de la France, des Indes, de la Chine et du monde. Du plus profond de nos cœurs, la Sainte-Vierge reçut un chant et une prière, *Ave maris stella* ; sur terre et sur mer c'est le cantique privilégié du missionnaire. Notre vie sera bien agitée, assaillie par bien des tem-

pêtes : souvent nous courrons grand risque
d'être submergés, la barque est si petite et la
mer est si grande ! mais courage et confiance;
avec Marie pour étoile et Jésus pour pilote,
nous ne saurions périr ! Le 14, au matin, il
fallut se serrer la main, se dire adieu : les trois
paquebots allaient partir et nous séparer.
Tant qu'ils restèrent à l'ancre, du pont de
chaque bateau on se parlait à coups de mou-
choirs et de lorgnettes; le Peï-Ho s'ébranla le
premier et, quand nous le vimes prendre la
direction de France, sur le Yang-Tsé et le
Meïnam il y eut des cœurs émus... Une
heure après ce fut notre tour : le Yang-Tsé
reprit sa course vers l'Extrême-Orient.

Mardi, 20 mai.

Il est 7 heures du matin ; le soleil brille
dans tout son éclat. A l'ancre, depuis la veille,
en face de Singapore, le Yang-Tsé commence à manœuvrer pour entrer dans la

rade. Une foule de petites îles, points
verts au milieu des flots azurés, forment
de jolis détroits à travers lesquels notre
paquebot s'avance avec une majestueuse
lenteur, tandis que des barques malaises
glissent sur ses flancs, légères et rapides.
Çà et là, dans le fond d'une anse retirée, s'é-
lève sur pilotis une cité de cabanes indiennes,
ombragées par les beaux arbres qui bordent
toutes les îles. Un ciel d'une admirable lim-
pidité — une mer unie comme un beau lac —
des îles aux collines arrondies sous leur ver-
doyante parure,..... on dirait l'embrassement
du ciel, de la terre et de l'onde. On regrette
de n'être pas poète pour peindre, comme on
les sent un instant, les magnificences et les
fraîches couleurs de cet incomparable tableau.
Cette excuse motivée me dispense de poursuivre mon malheureux essai de description
et me le fait pardonner.

Cest aujourd'hui le mardi des Rogations.
Comme nous tardons un peu d'arriver au port,
je fais *ma Procession* sur le pont, en récitant
les Litanies des Saints. Qu'ils sont doux, là-
bas, au village, autour du clocher, à travers

les champs et les haies d'aubépine en fleurs, ces jours de prières « où l'homme rustique sent avec joie son âme s'ouvrir aux influences de la religion et sa glèbe aux rosées du ciel ! » Non, tous ces splendides pays d'Orient n'apportent pas à l'âme chrétienne les parfums si purs qu'elle aime à respirer pendant une procession des Rogations..... Pieux souvenirs du village, venez toujours parler à mon cœur.

Cependant le Yang-Tsé est amarré; descendre à terre, embrasser les confrères qui nous attendent, entre autres, le San-Claudien P. Grenier, n'est que l'affaire d'un instant. Tout heureux, causant du pays, des amis, nous traversons des rues bordées d'arbres magnifiques. On croirait faire une promenade dans les allées du Jardin des Plantes. Mais sous ces frais ombrages, quel populo ! Chinois, Malais, Indiens, tous plus abrutis les uns que les autres, gens sales qui exhalent une odeur un peu différente de celle de la rose. J'ai tort toutefois de céder à cette première et mauvaise impression. Ces pauvres malheureux sont plus à plaindre qu'à mépriser et, si l'eau sainte du baptême avait coulé sur leurs fronts, ils seraient peut-être plus agréables que moi aux yeux du bon Dieu. Seigneur, ayez pitié de ces pauvres païens: faites à vos missionnaires la grâce de travailler jusqu'à la mort à leur conversion, à leur salut!

Au bout de 20 minutes, nous arrivons au palais épiscopal de Monseigneur d'Eucarpie, Vicaire apostolique de la Malaisie, qui nous fait le plus bienveillant accueil. Après avoir présenté nos hommages à Sa Grandeur, nous allons voir le bon Père Pâris, pro-vicaire, apôtre des Chinois de Singapore. (On rencontre des Chinois dans tous les pays d'Orient; à Singapore il y en a près de 80,000 : un petit nombre sont chrétiens). L'Eglise des Chinois, les salles de doctrine pour les Chinois, l'hôpital des Chinois, le Père Pâris nous fit tout visiter, avec quelques réflexions en vieux patois bisontin (le père est Franc-Comtois) produisant le meilleur effet du monde, même sur les Chinois, qui se donnaient l'air de les comprendre.

Nous nous rendîmes ensuite à la Procure, où Monseigneur vint dîner avec tous les confrères de Singapore. Quelle douce gaieté! quelle fraternité parmi ces missionnaires! Que sera-ce au Tong-King! Le reste de la journée fut employé agréablement à visiter plusieurs établissements de la Mission: Monseigneur nous fit même monter au clocher de la cathédrale : vue magnifique, cela va de soi, mais il fait chaud pour grimper là-haut. Après avoir bien couru, nous rentrâmes à la Procure pour y passer la nuit.

A Singapore, les nuits sont aussi belles, mais un peu moins fraiches que les soirées d'été à Saint-Pétersbourg : Ciel pur, lune dormante, étoiles brillantes. Dans les jardins, des mouches luisantes volent au travers des arbres, éclairant, rapides météores, l'obscurité des bosquets. Mais sous le gazon, dans l'air, sous vos pieds, sur votre tête, à droite et à gauche, entendez-vous les chants, les cris aigus, piquants, tenaillants de mille insectes?..... Si vous veniez prêter l'oreille, vous risqueriez d'avoir autre chose que de la musique, croyez-en mon expérience. — Désespérant d'obtenir un peu de fraicheur, j'avais quitté la belle étoile et, prière faite, je m'étais étendu sur ma natte, pour goûter le repos dont j'avais grand besoin. Mais hélas! j'eus la naïveté de ne pas déplier la moustiquaire, mise à ma disposition par la prévoyance fraternelle du P. Procureur. Il m'en cuisit fort, il m'en cuisit longtemps. Je fus mangé par les moustiques, et le souvenir de la fable du Lion et du Moucheron ne put verser l'huile sur mes plaies. Mais j'ai acquis de l'expérience, on ne m'y reprendra plus.

Mercredi, 21 mai.

A 7 heures du matin, par un temps splendide, le Yang-Tsé quitte Singapore et met le cap sur Saïgon. La fête de l'Ascension ne passa pas pour nous inaperçue et, si nous ne pouvions la célébrer avec grande pompe, nous étions les premiers à sentir la privation de ces belles et grandes solennités chrétiennes. C'est un sacrifice que nous avons offert à à Notre-Seigneur, pour la conversion des pauvres pays païens ! *Ascendit Christus in altum, captivam duxit captivitatem, alleluia! Sursum corda!* — Le ciel est notre patrie ; au ciel nos désirs et nos aspirations.

A 4 heures du matin, nous étions en face de Poulo-Condor. Cette île paraît très-aride ; on y a cependant établi un poste militaire. Dans la soirée, vers 3 heures, nous arrivons en vue du cap Saint-Jacques, à la pointe méridionale de la Cochinchine française et à l'embouchure de la rivière de Saïgon. Au sommet de la montagne, flotte le pavillon tricolore !— Le drapeau de la France arboré sur la terre annamite, cette terre, prix du sang de nos martyrs aussi bien que de la valeur de nos soldats ! Salut ! drapeau français ! à d'autres de chanter ta gloire, tes revers, ou tes couleurs politiques : ta vue fait battre mon cœur, parce que tu lui rappelles la patrie ! Plaise à Dieu que tu sois toujours l'avant coureur de la croix, le labarum de la civilisation chrétienne !

Il faut à peu près quatre heures de bateau à vapeur, du cap Saint-Jacques à Saïgon, situé dans l'intérieur. La marée étant contraire, on dut stopper jusqu'au lendemain matin. A son embouchure la rivière est très-large : quelques milles plus haut, c'est un magnifique fleuve coulant à pleins bords à travers bois et broussailles: en remontant encore, on trouve les rizières.

V

Il était 7 heures du matin, le samedi, 24,
lorsque, par un beau soleil de printemps,
trop semblable à un ardent soleil d'été, le
Yang-Tsé fit son entrée solennelle dans la
rade de Saïgon, tirant le coup de canon de
joyeuse arrivée. Le site de la ville, sans être
des plus remarquables, ne laisse pas de
plaire au premier coup d'œil ; — ciel brûlant,
c'est vrai (dans le paysage on n'y fait pas
attention,) — plaines immenses, couvertes
de rizières verdoyantes, et sillonnées par les
eaux du fleuve qui se divise en plusieurs
branches, — belle et vaste rade avec nombreux bateaux marchands, anglais, hollan-

dais, américains, occupés à charger le riz.

Une fois le Yang-Tsé amarré, nous fûmes bien vite à terre, roulant en voiture dans la direction du Séminaire. Au moins voilà des cochers de fiacre raisonnables ! Tout le long de la route, de Port Saïd à Singapore, bateliers et cochers n'avaient cessé de nous écorcher les oreilles et la bourse par leurs cris et leur tarif : à Saïgon, un franc seulement le fiacre ! Après avoir traversé de belles rues tirées au cordeau, ombragées de grands arbres verts, et bordées de maisons, de casernes neuves, nous arrivons au Séminaire.

C'est un magnifique établissement, organisé sur le même pied que les petits Séminaires de France. Les élèves sont au nombre de 150, y compris une quinzaine de théologiens. Tous ces jeunes Annamites ont très-bonne tournure, je vous assure : je les ai vus en récréation et à la chapelle, et je crois que leur entrain est encore moins grand que leur piété. La prière du soir récitée, ou plutôt chantée, avec beaucoup d'ensemble, m'a surtout fait impression, ainsi que l'exécution d'un beau cantique français en l'honneur de la Sainte-

Vierge. Je me croyais encore à mes années
de petit séminaire, et à genoux dans un coin
de la chapelle, la tête entre les mains, je
pensais en silence à mon entrée au petit séminaire de Vaux, aux Maîtres vénérés qui
se sont dévoués pour moi et pour mes condis-
ciples, au bonheur pur que j'ai goûté dans
cette chère maison : Je pensais au grand
Séminaire de Lons-le-Saunier, au Séminaire
de Paris, et je disais : Merci ! mon Dieu,
merci !

> Notre-Dame de Vaux, douce Vierge-Marie,
>   Toujours protège ton enfant !
> Mère, veille sur moi, si loin de la patrie,
>   O blanche Etoile du partant !.....

De la ville je n'ai vu que le palais du Gouverneur qui est magnifique, l'Evêché qui est
très modeste, et la cathédrale en voie de
construction qui sera digne d'être la métro-
pole d'une grande colonie.

J'ai mon passe-port officiel pour entrer
librement au Tong-King : beau parchemin
signé de l'amiral Gouverneur et déclarant que
« mes Supérieurs ecclésiastiques m'envoient

dans l'empire d'Annam pour prêcher la Religion du Seigneur du Ciel, et que, pour ce, sa Très-païenne majesté Tu-Duc doit m'octroyer liberté et protection.» En grosses lettres sous forme de sentence : « C'est là l'esprit du Traité ! » Embarquons-nous donc vite pour le Tong-King. Si nous avions eu la bonne fortune de trouver à Saïgon un transport de l'État en partance pour Haï-Phaong, ce ne serait plus qu'une affaire de quelques jours. Mais il faut se résigner à longer les côtes de Cochinchine, à saluer de loin notre nouvelle patrie et à nous laisser transporter jusqu'à Hong-Kong, où nous arrivons le mercredi 28 mai.

Mercredi, 28 mai.

N'ayant nulle envie de visiter Changay ou Yokohama, nous faisons nos adieux au Yang-Tsé, en lui votant des remerciments et un certificat de bonne conduite. Puis nous nous

installons, armes et bagages, dans une barque chinoise dont les patrons, après force
criailleries et lenteurs, finissent par nous
conduire à terre. Sur le débarcadère une foule
de portefaix zélés et de malins curieux. Grâce
aux deux confrères qui étaient venus nous
prendre à bord, nous sortons, sans trop de
peine, de cette mêlée, et nous montons à la
procure située au quatrième de la ville. Hong-
Kong ou Victoria (80,000 habitans dont 4,000
Européens) est en effet une ville à plusieurs
étages, bâtie en amphithéâtre sur le versant
d'une montagne abrupte, de la même fabrique
que les rochers de Salins, de Morez ou de
Saint-Claude. Les rues sont bien alignées,
mais un peu étroites et encombrées d'une
fourmillière de Chinois à grande queue,
gente besoigneuse et affairée s'il en fût. En ce
moment on est en train de reconstruire la
ville, dévorée l'année dernière par un affreux
incendie ; de là abondance de maçons et de
blocs de pierre, ce qui ne rend pas la circu-
lation plus facile Enfin nous nous en tirons
de cette tour de Babel: nous voici à la Procure.
C'est joli *tout de même*, arriver de Paris,

aller au Tong-King et chemin faisant, après avoir traversé les mers, trouver un chez-vous que vous n'avez jamais vu, et où vous aurez le vivre et le couvert comme le rat qui s'est retiré du monde ! Nous avions huit jours à nous reposer ; c'était bien suffisant. Si vous l'avez pour agréable, au lieu de visiter les bazards chinois, nous allons partir ensemble pour Béthanie, le *Sanatorium* des Missions-Étrangères : Béthanie, nom pieux et doux, qui rappelle l'hospitalière demeure où le Sauveur allait, au sein d'une famille amie, se reposer des fatigues et des courses évangéliques. Ce sera une promenade de 5 ou 6 kilomètres : mais la grande chaleur est tombée, il est 6 heures du soir..... Précédés d'un domestique chinois à grande queue et grand chapeau, nous avons bien vite gravi la rue qui conduit au sommet de la ville ; et, tournant à droite, nous nous engageons dans une belle route ombragée d'arbres odoriférants. De chaque côté des jardins magnifiques et de splendides villas, qui respirent trop le luxe pour donner le bonheur à leurs habitants.

> O fortunatos nimium, sua si bona norint
> Agricolæ!.....

Nous voici hors de la ville : vive le grand air, la liberté ! de l'autre côté de la rade qui se déroule à nos pieds, le soleil vient de disparaître au-dessus des montagnes des îles opposées, laissant sur ces sommets abrupts une couronne de pourpre et d'or. Une douce brise se levant de la mer nous apporte la fraîcheur, et la fraîcheur en Orient c'est un petit bonheur.

Nous marchions donc gaiement, tous les trois Tong-Kinois, admirant la belle nature, aspirant l'air à pleins poumons ! C'était presque « une promenade de paysans du dimanche !.....

> Le ciel comme un gouffre l'attire,
> Le ciel, immense océan bleu :
> A pleine poitrine il respire,
> Dans l'air pur, le souffle de Dieu...
> Et quand, tout au bout de la plaine
> Les rayons d'or vont s'effaçant..... etc.

La plaine !..... celui de nous trois qui prit

le jour en Normandie n'avait jamais vu le Caucase : le Vosgien et le Jurassien faisaient chorus. « Eh bien ! voici de fameux rochers ; c'est comme chez nous, sauf les sapins et les chênes ! Vivent les forêts de sapins ! Et puis le Ranz des vaches, et ensuite le Chalet.....

> L'aspect de ces montagnes
> D'ivresse et de plaisir fait tressaillir mon cœur !...
> Chant de nos montagnes
> Qui fait tressaillir,
> Toi, de nos campagnes,
> Vivant souvenir.

Cependant la nuit commençait à tomber : encore le temps de réciter notre chapelet, et nous arrivons. L'Angelus sonnait à Béthanie : « *Ave Maria* ! L'Angelus du soir, sur la terre et les flots, cette heure céleste est la plus digne de vous, ô Marie, Vierge Immaculée : *Ave Maria* ! c'est l'heure de la prière ; Bénie soit cette heure ; bénis soient le temps, le climat, le pays où si souvent j'ai senti, dans tout son charme, cette heure si belle et si suave descendre sur la terre ! » Déjà nous

avions franchi la porte du jardin, au milieu
duquel s'élève toute neuve et toute blanche
une belle et spacieuse habitation, qu'une large
vérandah préserve contre les feux du soleil.
Sur un rocher à pic, au-dessus de la mer,
comme l'air doit circuler !.... Quelle vue magnifique!.... Et la chapelle gothique, combien
elle parait élégante !..... Mais nous verrons
tout cela demain,..... entrons : les missionnaires en convalescence au *Sanatorium* nous
attendent sur le perron, avec une paternelle
impatience. L'heure habituelle du souper
est passée, ce qui n'empèche pas les nouveaux
arrivants d'être les bienvenus.

Le lendemain, dès le grand matin, nous
étions sur pieds. — Quand pendant un mois
et demi on a eu pour Eglise une malheureuse
cabine de bateau à vapeur, on éprouve une
pieuse joie qui rafraichit l'âme, en offrant le St-
Sacrifice dans la jolie chapelle de Béthanie.
C'est un vrai bijou artistique, comme pureté
de lignes et délicatesse d'exécution. — Dans
le chœur, les statues des douze Apôtres, debout les armes à la main (chacun tient ou
l'insigne de sa dignité, ou l'instrument de

son martyre) autour du Tabernacle, où réside
le Dieu qu'ils ont prêché par tout l'univers.

Après déjeuner, visitons le jardin, ou plutôt
la terrasse aux lauriers-roses et grenadiers
en fleurs qui embaument de leurs parfums
les alentours de la maison. Au-dessus de nos
têtes un beau ciel bleu : à nos pieds, la mer
resserrée entre les hautes montagnes des
îles voisines ; elle parait unie et tranquille
comme la surface d'un lac. Des barques de
pêche la sillonnent en tous sens. — Enga-
geons-nous dans ce petit escalier taillé dans
le roc vif, descendons un peu : nous trouvons
plusieurs sentiers sinueux qui descendent, en
serpentant gracieusement, sur les flancs du
rocher. De jeunes pins forment au-dessus de
nos têtes un berceau de feuillage, tandis qu'à
travers les lauriers-roses, on aperçoit les
eaux de la mer resplendissantes des rayons
du soleil. Un mince filet d'eau tombe du rocher avec un léger murmure, formant ici une
cascade, là un bassin où les oiseaux viennent
se laver le bec en piquant un moustique.

Mais je m'aperçois que notre promenade
poétique pourrait bien vous fatiguer et, si

vous n'avez nulle envie de venir prendre un bain de pieds ou faire des ricochets sur les bords de la mer, remontons le rocher, après avoir bu un verre d'eau qui n'est pas assez fraiche pour occasionner une fluxion de poitrine.

Sans essayer un nouvel exemple d'amplification, je vais vous conter, *arma virumque cano,* notre petit voyage de Hong-Kong au Tong-King. Plus que patience ; nous arriverons bientôt au terme de..... mon journal.

Mercredi, 4 juin.

Après huit jours de repos à la Procure et au Sanatorium, le mercredi 4 juin, je m'embarquais sur le bateau hambourgeois, *l'Atalanta,* en compagnie des deux confrères destinés comme moi aux missions du Tong-King. Nous avions aussi la chance d'avoir avec nous deux Pères de nos missions de Chine, qui venaient de se rétablir à Béthanie. Mais ce n'est pas tout ! 150 Chinois encombraient le pont.

Nous fûmes bien heureux d'avoir, en qualité de fils de Japhet, la faculté de nous établir à l'arrière du bateau, dans un magnifique espace réservé de 15 à 20 mètres carrés, dans lequel nous avons trouvé petits chiens et petits chats de très-bonne compagnie. Pour la nuit, nous avions à notre disposition deux malheureuses cabines, où nous risquions d'être asphyxiés, tant elles ressemblaient à des bahuts. Il est vrai que *l'Atalanta* est un bateau marchand, pas français, mais allemand. Nous avions affaire à de bons Allemands qui nous ont mis, quotidiennement, trois fois par jour, la poule au pot.

La table était dressée sur le pont, dans notre salon réservé..... Nappe blanche..... Pommes de terres à discrétion..... Le commandant était un bon bourgeois de Hambourg qui s'est montré tout-à-fait bien à notre égard. — Vivent les pommes de terre ! (je n'en ai pas goûté depuis ce temps là !) — Après deux jours de mer, *l'Atalanta* jetait l'ancre en face de l'île d'Haïnam : le coup d'œil n'est

pas magnifique; la seule chose qui préserva
de l'ennui fut d'assister au débarquement du
grand nombre de nos Chinois, commerçants
de l'ile, qui venaient de faire leurs emplettes
à Hong-Kong. Quel brouhaha ; quelle bous-
culade ! Ces épiciers en activité de service
avaient hâte de fournir leurs pratiques.
(Quand un Chinois a quelques sapèques entre
les doigts, il se fait fort, avec un peu d'habi-
leté, de les changer en or, sans avoir besoin
de la pierre philosophale). Le vendredi, 6 juin,
l'*Atalanta* reprit lentement sa course vers le
Tong-King et, le samedi, vers 3 heures du
soir, nous apercevions les deux mamelons
situés à l'embouchure du fleuve que l'on
doit remonter pour arriver au port de Haï-
Phaong.

Salut, noble Tong-King ! terre de Dieu
bénie, sol fécondé par le sang des nouveaux
martyrs de Jésus-Christ !

> Je viens aussi pour te servir,
> Heureux pour toi de vivre et de mourir ! (*bis !*)

Longtemps nous eûmes le loisir de chercher à distinguer les côtes à l'aide de nos

lunettes : le bateau ne filait pas vite ; de plus, sauf les deux pointes du promontoire, la côte est très basse. A force de patienter, nous approchons du cap ; un pilote français vient à nous sur une petite embarcation, pavillon tricolore au vent ! Vive le Tong-King ! Vive la France !

Bientôt nous entrons dans la rivière, qui est une des bouches du grand Fleuve Rouge : à huit heures du soir, l'*Atalanta* jetait l'ancre dans la rade d'Haï-Phaong : il était déjà noire nuit, et des éclairs de première classe entr'ouvraient le ciel du côté du couchant. Malgré notre vif désir de prendre enfin pied sur la terre du Tong-King, il nous fallut encore passer la nuit sur le pont.

VI

Le dimanche 8 juin, dès les 5 heures, nous
nous faisons conduire chez le R. Père Thô,
prêtre indigène de la Cochinchine septentrio-
nale qui remplit à Haï-Phaong une importante
mission pour le service de sa Majesté Annamite. L'année dernière, nous avions vu à Paris
ce Père qui accompagnait, comme interprète,
les ambassadeurs Cochinchinois. Nous sa-
vions donc que nous allions rencontrer un
Père, mandarin de circonstance, français de
langage, Chevalier de la légion d'honneur,
décoré du roi d'Espagne et du Souverain
Pontife ! A Haï-Phaong !..... Guidés par un
pauvre gueux à demi nu, le parapluie à la

main, et les souliers couverts de boue en guise de cirage, nous fîmes notre entrée solennelle dans la cour du palais..... de terre et de bambou. Le Père Thö nous fit une réception des plus cordiales, un peu solennelle cependant, selon la mode annamite. Il eut aussitôt soin de tout disposer pour la célébration de la Ste-Messe, dans la maison bien propre et bien ornée qui lui sert de chapelle. L'Eglise célébrait en ce jour la fête de la Ste-Trinité, et ce fut avec le plus grand bonheur et la plus vive reconnaissance que nous offrîmes, sur le sol du Tong-King, le sacrifice trois fois saint à la gloire de l'adorable Trinité, et à la conversion complète de ce pays encore infidèle, malgré ses 500,000 chrétiens..... *Gloria Patri et Filio et Spiritui Sancto; Sicut erat in principio, et nunc et semper et in sæcula sæculorum. Amen!*

Je n'oubliai pas de m'unir d'intentions aux jeunes prêtres qui, en ce jour, par tout le monde catholique, montaient pour la première fois à l'autel. Quelques confrères de Lons-le-Saunier auront eu peut-être un petit souvenir pour moi.

Toujours unis par de saintes prières !

Chacun de nous ayant célébré la Ste-Messe, le Père Thô fit mettre ses petits pots dans les grands, et montra qu'il se souvenait d'avoir plusieurs fois dîné à l'Élysée : Il nous traita à l'Européenne, avec un succès égal à sa générosité. Dans l'après midi, deux Mandarins firent apparition au milieu de nous, et ces Messieurs, forçant un peu leur talent, nous accablèrent de politesses : en nous donnant la main, ils nous montrèrent leurs ongles, leurs grands ongles, capables d'exciter l'envie de plus d'un clerc d'huissier.

A notre tour, nous rendîmes visite au Consul de France, qui nous entretint longuement, avec intérêt et bienveillance. Depuis le dernier traité entre la France et l'Annam, nous avons deux consuls et deux postes militaires au Tong-King, à Haï-Phaong et à Hanoï. La présence du drapeau français rend les mandarins, sinon plus intègres, du moins plus circonspects et plus tolérants à l'égard des chrétiens.

Cependant nous ne sommes pas encore
arrivés dans notre mission, Haï-Phaong
faisant partie du Tong-King oriental, administré par les RR. PP. Dominicains Espagnols. Nos Mandarins le savaient aussi
bien que nous, et le lundi matin, ils re-
vinrent à la charge, pour prier le père Thô
de nous conserver en pension, pendant qu'on
enverrait viser nos passeports au chef-lieu
de la province. Le Père joua aussi son rôle
de Mandarin et nous sauva de la quarantaine,
en déclarant que nous avions au moins le
droit d'aller jusqu'à Hanoï, la navigation du
fleuve étant libre jusqu'à cette ville, tout aussi
bien pour les missionnaires que pour les
marchands de chandelles. De fait une heure
après, le P. Rigouin et moi, nous prenions
place sur la chaloupe à vapeur *la Victoria* et
nous remontions le fleuve, dans la direction
de Hanoï. Notre confrère destiné au Tong-
King méridional devait partir le lendemain
par une autre route. Nous n'étions à bord
que trois Européens, mon confrère et moi,
puis le pilote, qui est en même temps capi-
taine. Ce marin à l'œil perçant, à la tour-

nure un peu brusque, n'était ni plus ni moins qu'un compatriote de Miltiade, Léonidas, Thémistocle, Agésilas, Epaminondas : un Grec. On est joliment fier de voir un Grec ! Je m'assis près du gouvernail, à côté de mon Grec, qui me conta l'expédition de M. Dupuis, dont lui Grec avait fait partie. Il disait souvent : « C'était un fameux, Mochiou Doupouis ! » J'approuvais, et bientôt Français et Grec formaient à l'unisson des vœux pour la France, la Grèce et le Tong-King !

Mais parlons un peu paysage. Le fleuve, qui n'est qu'une des nombreuses branches du grand fleuve Rouge, est cependant plus large que la Seine : ses eaux rougies par le sable boueux qu'elles charrient, coulent avec une très-grande rapidité. Les bords sont très-fertiles : on y cultive le riz, la canne à sucre et le mûrier. Ici de magnifiques rochers élèvent au ciel leur masse imposante, s'efforçant de voiler leurs pierres noires et abruptes sous la robe de verdure transparente que leur forment de maigres arbrisseaux, perdus dans les fissures. Là, de beaux carrés de bambous vigoureux et verdoyants : vous

croyez que c'est une forêt,....c'est un village :
ou plutôt c'est le village annamite avec sa
haie impénétrable ; on entre par la porte pra-
tiquée sur chaque côté. Dans les sites les
plus agréables, sur les bords du fleuve ou
sur un coteau, s'élèvent des pagodes où les
malheureux païens adorent l'esprit du diable
et quelquefois le diable en personne. Vierge
Immaculée, écrasez-lui la tête ! Vive la Croix !
tremble l'enfer !

La chaloupe allait son chemin malgré la
rapidité du courant : la nuit nous surprit,
rendue plus ténébreuse par d'épais nuages
avant-coureurs de l'orage. Impossible de
marcher, il fallut jetter l'ancre au milieu du
fleuve. La lumière du fanal, hissé à l'avant
de la chaloupe, nous attira une invasion de
sauterelles bientôt mises en déroute par une
pluie torrentielle qui ne décessa pas jusqu'à
2 heures du matin. Le ciel s'étant un peu
éclairci, la chaloupe reprit sa course, et je
me roulai dans ma couverture pour m'endormir en paix sur le bord du pont.

Quand je m'évaillai, l'astre du jour brillait
dans tout son éclat. L'air était pur, le ciel

serein : les campagnes, rafraîchies par la pluie, déroulaient avec plus de grâce leurs tapis de verdure. Tout en déjeunant, à 8 heures du matin, nous arrivons dans le port de Ha-Noï, où stationnaient quelque jonques de commerce sous la protection d'une canonnière française.

VII

Nous voici donc au Tong-King occidental. Le bon Dieu nous a conduits heureusement au port. *Te Deum laudamus! Salve Regina!* — Je pourrais terminer ici ma relation, puisque me voici rendu dans ma chère mission; mais le cahier que je vous envoie est cousu, il faut en voir la fin : j'aurai le cœur net de ces trois dernières pages; Donc en avant, *presto!*

Traversons la grande rue de Ha-Noï sous les regards curieux de la foule : admirons en passant ces hôtels dont l'architecture est magnifique. Mais hâtons-nous, puisqu'un païen de Chinois, domestique du Grec, nous

ouvre le passage en bousculant tous les obs-
tacles. Nous arrivons à la maison du Père
Landois : depuis une heure, il était parti pour
aller solenniser la Fête-Dieu chez un confrère. Par bonheur un autre Père, arrivant
du fond de la Suisse (région des montagnes
ainsi nommée par les missionnaires à cause
de sa ressemblance avec les monts de l'Hel-
vétie : il n'y a pas de chalets ;) était depuis
5 minutes en train de prendre possession du
logis. Avec une grande charité il nous invita
à prendre notre part du bien d'autrui. Le
maître étant absent ce nous fut aisé ! Oh !
Dieux hospitaliers !

Mais je fais une erreur : les missionnaires
du Tong-King ne connaissent ni le mien ni
le tien ; nous étions donc chez nous. Respi-
rons maintenant.

Dans la soirée, nous rendîmes visite au
consul de France, M. le comte de Kergaradec,
lieutenant de vaisseau ; car ici, comme à Haï-
Phaong, il y a un consul français et deux
compagnies d'infanterie de marine. Nous
sommes donc sous la protection du drapeau
français. Inutile de dire que M. le consul

nous fit l'accueil le plus bienveillant, avec une vraie politesse française. Notre Père introducteur, ayant à voir deux officiers de sa connaissance, nous l'accompagnâmes chez ces Messieurs, qui nous reçurent comme des frères d'armes, avec une cordiale poignée de mains. Braves soldats, n'est-ce pas ? — Rentrons au logis, récitons notre office, et soupons gaiement, en décidant que demain matin nous irons joindre le père Landais, qui doit nous fournir les moyens de nous rendre à la résidence de Monseigneur.

La prière récitée, il est temps de *faire la planche* sur sa natte. Les premières fois on trouve que c'est un peu dur ; mais on rit de bon cœur, en entendant craquer ses côtes, si l'on ne sait pas se tenir en repos : on dort bien quand même, et c'est tout ce qu'il faut. Je ne rêve plus aux moustiques, parce que je connais l'usage de la moustiquaire, ayant lu sur sur le dictionnaire : Rideau de gaze pour se préserver des moustiques. Je suis convaincu !

Nous avions à faire une petite journée de chemin pour nous rendre à Ké-Treu, où

devait se solenniser avec *pompe* la grande
fête du Très-Saint Sacrement : si nous vou-
lions arriver à temps, il nous fallait partir
sans retard, car nous étions à la veille de la
fête, (mercredi 11 juin). Avant le départ, eut
lieu la prise d'habits : j'endossai la *blouse* et
le pantalon annamites, comme autrefois je
pris la soutane, en disant au bon Dieu : Tout
pour votre amour et votre plus grande gloire.
Puis, tout en riant de la figure de mon confrère qui riait de la mienne, je montai en
filet.

Voilà une chose qui me parut un peu
dure à avaler : courber les épaules d'un, de
deux hommes, sous le poids de sa personne,
pour se faire secouer l'estomac toute une
grande journée ! Je me cachais derrière les
rideaux abaissés, croyant que, dans les rues,
tous les passants me montraient du doigt en
disant : « Voilà un républicain français qui
passe ! » Et pourtant, mon filet n'était pas
un meuble d'aristocrate. Hélas ! Pendant que
je faisais, à part moi, ces petites réflexions,
les porteurs marchaient lestement, bien
moins humiliés qu'un cocher de fiacre,

qui traîne un gros bourgeois : Je ne suis
pas lourd ! Hors de la ville, je devins plus
hardi et mis le nez à l'air : des paysans
conduisaient au marché des cochons gras, bien
posés sur une brouette et baillonés avec soin.
Tiens, me disais-je, les Annamites connaissent donc cet effrayant génie qui s'appelait
Blaise Pascal : autrement ils n'auraient pas
de brouette. Et puis, il ne faut pas déjà être
si sauvage pour songer à fermer la bouche
au monsieur, dont les sourds grognements
sont remplacés par le chant de la brouette.

Le Père, qui n'avait loué les filets que pour
nous épargner une trop longue marche, sous
un soleil ardent auquel nos têtes Européennes
n'étaient pas encore habituées, mit bientôt
pied à terre. J'en fis autant, ainsi que mon
confrère, car nous n'étions pas non plus ha-
bitués à nous laisser scier le dos par un
treillis de ficelles. Pour nous rassurer, le
Père nous dit que rarement nous serions
obligés de monter en filet; on voyage en
barque, ou l'on « marche à pieds ! »......
Allons, tant mieux.

Si vous le voulez bien, je vais arrêter mon

journal au milieu de la route royale, vrai
chemin de la Louvière (c'est beaucoup dire) :
Je vous ai déjà raconté, dans une lettre, le
reste de mon voyage jusqu'à la Communauté
de Cheu-Kiène, résidence de Mgr Puginier,
notre vénérable vicaire apostolique. Je vous
esquissais en particulier la belle procession
de la Fête Dieu, à la paroisse de Ké-Treu (1) :
notre séjour au collège de Hoang-nguyen,
où le bon Dieu nous fit voir comment meurt

(1) Voici le passage en question de la lettre : « Le
jour de la Fête-Dieu, j'ai été témoin, à Ké-Treu,
d'une cérémonie qui est comparable à tout ce qu'il
y a de plus beau et de plus consolant dans nos
pays chrétiens ; j'ose même dire que nos *hono-*
rables ne laissent pas autant de liberté religieuse
à la France Catholique. Plus de 2,000 chrétiens assis-
taient à la procession du Très-Saint-Sacrement, avec
tam-tams, flûtes, cymbales, étendards, etc..... On ne
peut se faire l'idée d'une pareille pompe, surtout
quand on traverse un village Annamite en temps or-
dinaire : les gens, même les riches, ressemblent
assez à des gueux, et cependant un grand nombre,
en l'honneur du Très-Saint Sacrement, portaient des
habits de soie, d'une grande valeur pour ce pays. Les
deux reposoirs étaient magnifiques. Vous voyez donc
que les Tong-Kinois ne sont pas des cosaques. »

saintement un jeune missionnaire (2). C'était le dernier venu avant nous ! *Requiescat in pace !* Il est doux de mourir en mission ! Heureux qui meurt chrétien ! *Deus det !*

Allons, bon courage, nous vivrons jusqu'à la mort, et Dieu aidant, par l'intercession de la Sainte-Vierge Immaculée, nous nous retrouverons un jour au ciel ! En attendant, bonne santé pour le corps et pour l'âme, et puis, à la garde du bon Dieu ! La vie est courte, mais une récompense éternelle est réservée aux bons et fidèles serviteurs !

Et maintenant, mon pauvre journal, va saluer pour moi le doux pays de France ; va

(2) « Etendu sur une pauvre natte, ayant à côté de lui son crucifix, son chapelet et de l'eau bénite ; près de lui, des Confrères agenouillés et priant Dieu de recevoir, dans son paradis, l'âme de celui qui a voulu perdre la vie du corps pour le salut des infidèles. » (Extrait d'une lettre écrite de So-Kien par le Missionnaire, le 30 juillet 1879)

porter mon affection, ma tendresse, à ma
bonne mère, à ma famille, à tous ceux qui
me sont chers, parents, amis et bienfaiteurs:
dis leur qu'au Tong-King, loin de la patrie,
je les aime et les aimerai toujours, priant
Dieu de les protéger et de les bénir! Si, en
Annam, on me nomme Cô-Bâc, Grand Père
le Nord, pour eux je m'appellerai toujours
avec bonheur fils, frère et ami.

L. GIROD.

APPENDICE

APPENDICE

SUR LA

MISSION DU TONG-KING OCCIDENTAL

C'est, pour le missionnaire, un champ glorieux entre tous que le vicariat du Tong-King occidental. L'auteur du journal a pu s'écrier en toute vérité : « SALUT, NOBLE TONG-KING ! terre bénie, sol fécondé par le sang des nouveaux martyrs de Jésus-Christ.

> Je viens aussi pour te servir,
> Heureux pour toi de vivre et mourir

Nous croyons donc être agréable au lecteur en rappelant brièvement ici ce qu'a été dans le passé cette belle mission et ce qu'elle est présentement.

Le Tong-King forme avec la Cochinchine l'empire d'Annam. Ces deux États, déjà autrefois réunis sous une même domination, avaient constitué, depuis le commencement du XVIIe siècle, deux royaumes indépendants. Gia-Laong, le plus grand des rois de la dynastie actuelle, après avoir, vers la fin du dernier siècle, reconquis avec l'aide de la France la Cochinchine, et subjugué le Tong-King, annexa en 1802 ce dernier royaume à ses anciens états. Les rois ses successeurs, Minh-Menh (1820-1841), Thieu-Tri (1841-1847) et Tu-Duc, le souverain actuel, ont continué de commander aux deux pays. Hué, ou Phu-Xuan, port du littoral de la Cochinchine, est la résidence de la cour et la capitale actuelle de l'Empire.

Au spirituel, l'empire d'Annam est aujourd'hui divisé en sept territoires ou vicariats apostoliques: trois pour la Cochinchine et quatre pour le Tong-King. On compte au Tong-King: les vicariats du Tong-King occidental et du Tong-King méridional, desservis par la Société des Missions-Étrangères de Paris; ceux du Tong-King oriental et du Tong-King central, confiés, dès la fin du XVIIe siècle, aux PP. Dominicains espagnols de la province du T.-S. Rosaire de Manille.

C'est à la Compagnie de Jésus que revient la gloire d'avoir fondé les missions actuelles de la Cochinchine et du Tong-King. Dieu, pour éclairer des lumières de la foi les peuples d'Annam, ensevelis jusque-là dans les ténèbres de l'idolâtrie, leur envoya, au commencement du XVIIe siècle, deux illustres et saints missionnaires, le P. Busomi, italien, et le P. Alexandre de Rhodes, français.

Le Tong-King a été la conquête de ce dernier; il en prenait possession le 19 mars 1627, en la fête de saint Joseph, le glorieux patriarche établi par Dieu *chef de sa maison*. Telle fut la rapidité de l'évangélisation, telle l'abondance de la moisson, qu'en 1662 le Tong-King ne comptait pas moins de 300,000 chrétiens. A cette époque arrivaient de France les premiers vicaires apostoliques; la Société des Missions-Etrangères, qui les envoyait, venait elle-même d'éclore au souffle généreux du P. Alexandre de Rhodes. Chassé par la persécution de sa mission et obligé de se réfugier à Macao, l'apôtre du Tong-King s'était rendu de là à Rome, pour y solliciter du Saint-Siége l'envoi d'évêques dans la Haute-Asie. Mgr Pallu, le premier des évêques de la nouvelle Congrégation, et celui qu'elle regarde à bon droit comme son fondateur, avait été nommé par le Pape vicaire apostolique du Tong-King. Avec lui s'ouvre la série des évêques qui ont administré cette chrétienté, demeurée le lot de la société des Missions-Etrangères, et qui forme le plus beau fleuron de sa riche couronne.

La mission du Tong-King tire avant tout sa gloire des longues persécutions endurées et du sang versé pour Jésus-Christ. Si les succès de la prédication du P. de Rhodes et de ses compagnons

avaient été grands, ils ne purent être obtenus
sans exciter la rage de l'enfer et soulever l'oppo-
sition des puissances du siècle. Aussi la persécution ne tarda point à sévir. Particulièrement
cruelle pendant tout le reste du XVIIe siècle en
Cochinchine, où plus de soixante fidèles furent
décapités ou exposés aux éléphants, elle s'abattit
ensuite avec force sur le Tong-King, dont les martyrs s'échelonnent glorieux de 1723 à 1798. Cinq
missionnaires jésuites et quatre frères-prêcheurs
scellèrent de leur sang la foi qu'ils annonçaient, et
qui eut aussi de nombreux Confesseurs parmi les
chrétiens. Jusqu'en 1833, la mission jouit d'une
paix précaire dont profitèrent les vicaires apostoliques, pour assurer l'avenir des chrétientés par
la formation d'un nombreux clergé indigène. Mais
la guerre d'extermination commença en 1833 :
l'édit de Minh-Menh inaugura à cette époque le
régime de persécution que l'on devait voir peser
pendant plus d'un siècle sur l'Eglise annamite.
Les martyrs ne peuvent se nombrer, particulièrement au Tong-King. La Société des Missions-
Etrangères, au martyrologe de laquelle sont déjà
inscrits les noms de vingt-quatre missionnaires,
évêques ou prêtres, sans parler de onze confesseurs morts dans les prisons, et de quinze autres de
ses membres qui, sans avoir été condamnés juri-
diquement, ont été assassinés ou massacrés par les
infidèles, compte au Tong-King six de ses plus
illustres martyrs des derniers temps. Ce sont, à

la suite du Vénérable Pierre DUMOULIN-BORIE, élu évêque d'Acanthe : les Vénérables Jean-Charles CORNAY, du diocèse de Poitiers (20 septembre 1837) ; Augustin SCHOEFFLER, du diocèse de Nancy (1er mai 1851) ; Jean-Louis BONNARD, du diocèse de Lyon (1er mai 1852) ; Pierre-François NÉRON, du diocèse de Saint-Claude (3 novembre 1860) ; Jean-Théophane VÉNARD, du diocèse de Poitiers (2 février 1861), tous décapités. Trois autres missionnaires, MM. CHARRIER, GALY et BERNEUX, condamnés à mort pour la foi sous Thieu-Tri, allaient, eux aussi, cueillir la palme du martyre, quand le commandant de la frégate française l'*héroïne* tira les confesseurs de prison pour les ramener en France. Formé à l'école de ces généreux missionnaires, le le clergé indigène de son côté a noblement payé au Christ cette dette du sang qui semble peser sur toute chrétienté à son origine. Depuis 1858 seulement, trente prêtres, au Tong-King occidental, ont versé dans les dernières persécutions leur sang pour Jésus-Christ.

A la gloire des martyrs vient s'ajouter, pour le Tong-King, l'illustration des pontifes. Le nom de Jacques de Bourges, un des premiers compagnons de Mgr Pallu, qui gouverna pendant trente-deux ans le Tong-King occidental ; celui de l'illustre et saint évêque de Gortyne, Mgr Longer, dont l'épiscopat remplit la fin du siècle dernier et les trente premières années du dix-neuvième, vivront longtemps dans les fastes de l'Eglise du Tong-King. Leur hécitage passa, en 1840, à Mgr Pierre-André Retord, qui a porté avec honneur pendant près de vingt ans, dans le cours de la persécution, ce beau titre d'évêque d'Acanthe, laissé vacant par la mort de Mgr Pierre Dumoulin-Borie. Ce prélat, en possession d'une immense popularité dans les missions d'Asie, et dont le nom remplissait tout l'extrême Orient, sut se concilier, à un degré unique, le dévouement de son clergé électrisé par son exemple et toujours prêt au martyre; la confiance de ses néophytes, qui pensaient n'avoir plus rien à craindre dès qu'ils étaient sous la sauvegarde de sa présence; l'amitié des plus illustres mandarins, qu'il avait le secret d'associer à ses œuvres chrétiennes; l'admiration des païens qui saluaient en lui le grand roi de la religion; l'hommage religieux des tribus sauvages s'imaginant, dans leur superstition, voir les bêtes féroces quitter leurs forêts pour venir, sur son passage, *se prosterner devant lui*. L'Europe elle-même subit l'influence de son apostolat; du fond de l'Asie, il l'édifiait et l'émouvait par cette correspondance qu'on dirait écrite avec le sang des martyrs et qui a servi puissamment la cause de la chrétienté du Tong-King, en excitant un intérêt universel pour son héroïsme et ses malheurs.

Quand on songe aux persécutions dont cette mission a été l'objet, à l'acharnement déployé pendant une succession de trois règnes contre une faible minorité de pauvres chrétiens, il y aurait

lieu de s'étonner, si la main de Dieu n'était là,
qu'il restât encore sur cette terre de proscription
un seul prêtre debout et un néophyte fidèle. Et cependant les chrétiens s'y sont multipliés à mesure
que la faulx du martyre moissonnait dans ce champ
fertile. En 1829, époque où le sanguinaire Minh-
Menh monta sur le trône, le Tong-King ne ren-
fermait que 330,000 chrétiens ; après trente années de persécution, en 1859, on n'en comptait pas
moins de 440,000, dont près de 140,000 pour le
Tong-King occidental. C'était un accroissement de
110,000, fidèles ; la moyenne des conversions avait
dépassé quatre mille par an. A la même époque
1859), dans tout l'empire d'Annam, 14 évêques,
vicaires apostoliques et coadjuteurs, ayant pour
coopérateurs immédiats 60 missionnaires Européens et plus de 240 prêtres indigènes, étaient pré-
posés aux chrétientés. Une pépinière sacerdotale de
900 séminaristes alimentait le clergé indigène ; 650
cathéchistes aidaient l'action du prêtre, pendant
qu'environ 1600 religieuses, dites *Amantes de la
Croix*, accomplissaient auprès des femmes et des
enfants le même mandat de zèle, d'instruction et
de charité.

Qui n'admirerait la puissante vitalité de cette
église du Tong-King ! Cette vitalité, elle le doit
principalement à l'œuvre du clergé indigène, qui a
toujours été cultivée avec un succès particulier dans
le vicariat du Tong-King occidental. « Les vicaires
apostoliques de cette mission, écrivait le 26 août

1874 Mgr. Puginier, ont tous compris que l'œuvre
des séminaires était l'œuvre fondamentale, et ils
n'ont cessé de lui donner leurs plus vives sollici-
tudes. Si Mgr. Retord, d'illustre mémoire, a pu
opérer de si grandes choses : s'il a pu braver,
pour ainsi dire, la fureur des persécuteurs, en
leur fournissant tant de têtes à trancher, c'est
grâce aux séminaires qu'il avait trouvés établis
et qu'il avait perfectionnés. Si, après la tempête
où tant de prêtres avaient glorieusement péri, il
en resta cependant assez pour rallier les phalanges
des chrétiens dispersés, c'est que Mgr. Jeantet et
Mgr. Theurel purent se procurer des sujets, formés
autrefois dans les séminaires. Ces sujets avait été
assez nombreux pour remplir les prisons... La
persécution une fois calmée, ces confesseurs de la
foi se trouverent préparés à recevoir le caractère
sacerdotal. » Ce sont donc les séminaires qui ont
sauvé la mission, dans les temps de persécution,
particulièrement au Tong-King occidental : ce
sont eux qui lui ont permis de se relever si promp-
tement avec la liberté religieuse : ce sont eux encore, si le bon Dieu les bénit, qui seront le plus
puissant moyen d'étendre la religion parmi les
païens et de l'affermir dans le cœur des fidèles.

Aujourd'hui que le traité conclu à Saïgon, le
15 mars 1873, entre la France et le royaume d'Annam, garantit aux missionnaires la pleine liberté
de l'apostolat, et aux Annamites celle de professer
la religion chrétienne, l'église du Tong-King occi-

dental est plus forte et plus prospère que jamais. Mgr. Puginier, qui est à la tête de ce beau vicariat, compte dans sa mission 160,000 chrétiens sur une population de 8,000,000 d'infidèles ; son clergé se compose de 29 missionnaires, aidés d'une centaine de prêtres indigènes. Les prêtres sont assistés par 322 catéchistes ; le grand séminaire établi à So-Kien, résidence de l'évêque, contient, avec les deux petits séminaires de Hoang-Nguyen et Phuc-Nac, situés à égale distance de So-Kien, l'un au nord et l'autre au midi, 310 élèves. En outre des élèves des séminaires, le curé et son vicaire, s'il en a un, nourrissent dans chaque paroisse un certain nombre de jeunes gens, qui forment ce qu'on appelle les *maisons de Dieu,* et parmi lesquels se recrutent les séminaires.

C'est en grand nombre qu'au Tong-King occidental les païens se sentent attirés, à cette heure, vers la religion : jamais, depuis l'apostolat du P. de Rhodes et des premiers missionnaires jésuites, , les conversions n'avaient été aussi nombreuses. En 1878, le chiffre des baptêmes de païens adultes s'est élevé à 3.730. L'année 1879 nous aura apporté un résultat plus consolant encore. Ces conversions, au témoignage de Mgr. Puginier, ont acquis un caractère de solidité, qui rassure sur l'avenir de ces néophytes et montre aussi l'action toute particulière de Dieu.

Espérons que, par la grâce de Dieu, l'ennemi du genre humain verra bientôt cesser son empire sur ces régions qui ont déjà tant coûté à l'église. Il nous appartient de hâter par nos prières et aussi par nos aumônes, destinées à venir en aide à l'action des missionnaires, le jour tant désiré où les Tonquinois, désabusés et délivrés du joug du démon, entreront en foule dans le bercail du Christ.

Cn...

NOTE

NOTE

SUR LA CÉRÉMONIE

DITE DES ADIEUX

au Séminaire des Missions-Étrangères de
Paris.

———————

La *Semaine Catholique* du diocèse de Séez, dans
son numéro du 4 décembre 1879, contenait, sur cette
touchante cérémonie, le récit suivant, qui nous sem
ble l'avoir rendue fidèlement, avec sa vraie physionomie.

Partez, hérauts de la bonne nouvelle :
Voici le jour appelé par vos vœux.
Rien désormais n'enchaîne votre zèle :
Partez, amis, que vous êtes heureux !
Oh ! qu'ils sont beaux vos pieds, missionnaires !
Nous les baisons avec un saint transport :
Oh ! qu'ils sont beaux sur ces lointaines terres
Où règnent et l'erreur et la mort.
Partez amis, adieu pour cette vie :
Portez au loin le nom de notre Dieu.
Nous nous retrouverons un jour dans la patrie :
Adieu frères, Adieu ! ! !

C'est ainsi que le mercredi, 26 novembre, débutait, au Séminaire des Missions-Étrangères de Paris, la cérémonie dite des *adieux*. Treize missionnaires allaient quitter la France, pour prêcher l'Évangile dans les régions lointaines de l'Extrême Orient. Cette cérémonie, si souvent décrite et si souvent répétée, tire néanmoins des circonstances mêmes qui la motivent un intérêt toujours nouveau, qui ne laisse pas que d'impressionner vivement.

Pendant le dîner qui précède le départ, la règle permet de substituer à la lecture de table, les derniers épanchements d'une amitié toute fraternelle entre ces jeunes gens réunis là, des divers coins de la France, dans une même pensée de dévouement et d'héroïsme, et dont quelques-uns vont, le jour même, quitter à jamais cet asile béni. À la fin du repas, les partants firent le tour du réfectoire et portèrent une santé à leurs maîtres et à leurs confrères.

Vers quatre heures du soir, la communauté se réunit au jardin. Sous un berceau richement orné de fleurs et de lumières, s'élève une statue de la sainte Vierge. Les jeunes missionnaires venaient la saluer une dernière fois des titres si chers à leur cœur, *Reine des Apôtres, Reine des Martyrs, Reine des Confesseurs.*

Quelques minutes après, on se rendait à l'église, trop petite ce jour-là pour contenir la foule qui s'y pressait. Parents, amis, prêtres, religieux, simples fidèles, chacun tenait à baiser les pieds de ces nouveaux apôtres. Quel beau et touchant spectacle! Le vénéré Supérieur se lève; il est suivi des directeurs du séminaire, tous anciens missionnaires comme lui. Car ceux qui forment ces jeunes héros ont fait eux-mêmes, pendant de longues années, l'apprentissage

de la vie pénible des missions. Puis les voilà qui se
mettent à genoux devant leurs élèves, rangés debout
sur les marches de l'autel, et ils leur baisent les
pieds. Ils se relèvent ensuite et ils les embrassent une
dernière fois, comme faisaient jadis les Ephésiens,
lorsque le grand Apôtre les quittait pour aller prêcher
J.-C. en d'autres terres ; *Procumbentes super collum
Pauli osculabantur eum*. Après les directeurs vinrent
les aspirants, puis des prêtres, des séminaristes, de
pieux laïques. Parmi ces derniers, on en remarquait
çà et là quelques-uns plus émus que les autres.
C'étaient des frères, des parents, des amis venus de
loin pour dire un éternel adieu, sur la terre, à ceux
qu'ils ne retrouveront qu'au ciel. Et cela dura près
d'une heure. Pendant ce temps, le chœur chante, en
guise d'antienne, cette parole du Prophète: « *Quam
speciosi pedes evangelizantium pacem, evangelizantium
bona*, alternant avec les versets du Psaume *In con-
vertendo*, qui s'applique si bien aux missionnaires :
*Euntes ibant et flebant mittentes semina sua... Ve-
nientes autem venient cum exultatione portantes ma-
nipulos suos....*; ou encore ces paroles de l'Evangile :
Euntes in mundum alleluia, docete omnes gentes, alleluia,
avec le cantique *Benedictus*, non moins bien approprié
à la circonstance. Les treize élus, malgré leur émotion bien légitime, souriaient à tous et se recommand-
daient aux prières de ceux auxquels ils donnaient un
dernier baiser. Enfin, après une oraison où le prêtre
demanda pour ces jeunes apôtres qu'ils étendissent
de plus en plus le règne de J.-C., que leur voyage
fût heureux et leur traversée sur mer sans dangers,
la bénédiction du très-saint Sacrement termina la cérémonie.

Après ces adieux solennels, ce fut le moment des intimes et suprêmes confidences. C'était un frère, une sœur, qui entouraient leur frère pour avoir de lui une dernière bénédiction, un dernier baiser : ou encore une pieuse dame qui, à l'église, n'avait pu pénétrer jusque dans le sanctuaire, et qui voulait saluer le missionnaire et lui baiser les pieds. Tout ceci se passait dans la cour, dans les parloirs du Séminaire. Je n'oublierai jamais cette scène touchante. Nous entourions notre cher M. L...... lorsque sa vieille mère, aux cheveux blancs, tombe à genoux devant lui et lui demande de la bénir encore une fois. Cette chrétienne, vrai type de la femme forte, avait ajouté ce sacrifice à tant d'autres, déjà faits généreusement ; elle avait voulu assister au départ de son fils. Elle était là, émue, mais résignée, pour ne pas dire heureuse de donner son enfant à J.-C. Il la bénit et l'embrassa. Puis ce fut le tour de ses autres parents : ils étaient plus de vingt. Tous s'agenouillèrent : il leva la main pour les bénir aussi ; mais, tout à coup, sa voix s'arrêta : il avait aperçu des larmes dans les yeux de sa sœur, l'émotion l'avait gagné, et ce fut à grand'peine qu'il acheva les paroles de la bénédiction ; puis, reprenant son calme et sa gaîté :
« Quoi, dit-il à sa sœur, c'est toi qui me fais pleurer, « et pour la première fois de ta vie. » Et nous aussi, nous pleurions tous. Enfin il est sept heures, la cloche sonne le départ : les voitures sont déjà chargées du petit bagage de chacun des voyageurs : ils y montent eux-mêmes et partent joyeux pour ces missions lointaines, qu'ils ont rêvées depuis si longtemps. Je dis joyeux, et quiconque n'en a pas été témoin, ne peut se faire une idée de cette franche gaîté, de

cet entrain qui animent les aspirants des missions durant leur séminaire et même à leur départ. On sent que le bon Dieu les récompense déjà au centuple, ici-bas, des sacrifices qu'ils ont faits pour lui.

Nous espérons que les lecteurs voudront bien se souvenir des missionnaires, en les accompagnant de leurs prières, dans ce champ du père de famille qu'ils sont appelés à féconder de leurs sueurs et peut-être de leur sang. Qu'ils veuillent bien en même temps demander à Dieu de susciter de nouveaux dévouements : il y a encore beaucoup à moissonner : *Rogate ergo Dominum messis ut mittat operarios in messem suam.*

IMPRIMATUR

Lucernæ Salinarum die 29ª Jan. 1880.

L. PERRARD.

Vic.-Gén.

TABLE

Imprimerie J. MAYET et Cie, à Lons-le-Saunier.

VIE DU VÉNÉRABLE

PIERRE-FRANÇOIS NÉRON

DE

LA SOCIÉTÉ DES MISSIONS ÉTRANGÈRES

Décapité pour la Foi au Tong-King

le 3 novembre 1860

AVEC PORTRAIT, FAC-SIMILE & CARTE

Par M. L'Abbé CHÈRE

Chanoine honoraire,
Directeur au Séminaire diocésain de Saint-Claude.

Prix : 2 fr. 50 c.

SE TROUVE :

CHEZ L'AUTEUR	PARIS
au Séminaire de Lons-le-Saunier	Baltenweck, r. Honoré-Chevalier, 7

Lons-le-Saunier. — Imp. J. Mayet et Cⁱᵉ, rue St-Désiré, 20.